Bertram Meier

Erzwungene Distanz – gesuchte Nähe

Bischof werden
im Corona-Modus

Bertram Meier

Erzwungene Distanz – gesuchte Nähe

Bischof werden
im Corona-Modus

Die Ständige Kommission für die Herausgabe der gemeinsamen liturgischen Bücher im deutschen Sprachgebiet erteilte für die aus diesen Büchern entnommenen Texte die Abdruckerlaubnis. Die darin enthaltenen biblischen Texte sind Bestandteil der von den Bischofskonferenzen des deutschen Sprachgebietes approbierten revidierten Einheitsübersetzung der Heiligen Schrift (2016). © 2020 staeko.net

1. Auflage 2020
Herausgeber Dr. Bertram Meier
ISBN 978-3-00-065925-6

Bibliografische Informationen der Deutschen Nationalbibliothek
Die Deutsche Bibliothek verzeichnet diese Publikation in der
Deutschen Nationalbibliografie; detaillierte bibliografische Daten sind im Internet unter http://dnb.d-nb.de abrufbar.

Inhalt

ZUM GELEIT

Als mich Papst Franziskus am 29. Januar 2020 zum Bischof von Augsburg ernannte, war die Überraschung und Freude groß. Viele Menschen machten sich mit Begeisterung ans Werk, um die Bischofsweihe am 21. März vorzubereiten. Doch daraus wurde nichts. Corona machte uns einen Strich durch die Rechnung.

Als ernannter Bischof und mittlerweile von Rom ernannter Apostolischer Administrator musste ich daraufhin den Hirtendienst für das Bistum leisten, ohne ins Hirtenamt eingeweiht zu sein. Ich spürte, was Seelsorge im Krisenmodus bedeutet: bei äußerlich erzwungener Distanz die Nähe zu den Menschen suchen.

Obwohl ich nicht unbedingt einer Generation angehöre, die medienaffin aufgewachsen ist, haben wir uns entschlossen, die Gottesdienste, die ich in der Bischöflichen Hauskapelle täglich feierte, live im Internet zu streamen oder im regionalen Fernsehen zu übertragen. Ich danke allen, die auf ihre Weise dazu beigetragen haben, dass diese Angebote, die uns die technischen Möglichkeiten bieten, mit stetig steigender Qualität wochenlang realisiert werden konnten.

Vom vierten Fastensonntag bis zum vierten Ostersonntag hatte ich somit die Gelegenheit, über die Medien das Wort Gottes ausbreiten zu helfen. Dabei habe ich die Bischöfliche Hauskapelle, ein Kleinod der Kunst, immer mehr lieb gewonnen. Öfter nannte ich sie die Kathedrale in der Nussschale, den „Mini-Dom". In der Periode der Krise, in der öffentliche Gottesdienste untersagt waren, was vielen

Gläubigen große Opfer abverlangte, entfaltete die Bischöfliche Hauskapelle eine ungeahnte Strahlkraft für das ganze
Bistum und weit darüber hinaus.

Da in der Folgezeit immer wieder die Bitte geäußert wurde, ob man die Predigten zum Nachlesen nochmals aufbe-
reiten könnte, habe ich mich entschlossen, diesem Wunsch
zu entsprechen. So enthält dieser Band alle Ansprachen der
Sonn- und Feiertage des besagten Zeitraums. Grundlage
sind die für das Lesejahr A vorgesehenen Schrifttexte. Außerdem wurde mein Geistliches Wort zur Fastenzeit 2020,
das Wort der Ermutigung vom 19. März, sowie Texte zu
Maria wie das Weihegebet an die Gottesmutter vom 25.
März und die Predigt zum 1. Mai anlässlich des in Bayern
zu Ehren der Patrona Bavariae gefeierten Hochfestes in die
Sammlung aufgenommen.

Für die Idee der Publikation danke ich Ulrich Bobinger vom
Sankt Ulrich Verlag, der den Stein ins Rollen brachte. Mei-
ne persönliche Referentin Sr. Dr. M. Theresia Wittemann
OSF begleitete das Projekt von der Durchsicht der Texte
bis zur Auswahl der Bilder und den Fragen von Layout und
Vertrieb. Ihr sowie dem Lektor Dr. Peter Paul Bornhausen,
Reinhold Banner, Annette Zoepf als Fotografen und Anja
Beck als Setzerin gilt mein herzliches „Vergelt's Gott!" Ein
zusätzliches Schmankerl bildet der kunsthistorische Bei-
trag unseres diözesanen Kunstbeauftragten Felix Johann
Landgraf. Martin Ziegelmayr vom Bürgerverein St. Peter
am Perlach e.V. und die Egino-Weinert-Stiftung gaben dan-
kenswerterweise die Erlaubnis zur Fotografie der Knotenlöserin bzw. zum Abdruck der Professring-Monstranz.

Allen Leserinnen und Lesern wünsche ich geistlich frucht-
bare Lektüre und eine hoffentlich baldige Überwindung

dieser denkwürdigen Pandemie. Mögen die im Buch enthaltenen Gedanken nicht nur an die Viruskrise erinnern, sondern Impulse setzen für die Gestaltung unseres künftigen kirchlichen Lebens.

+ Bertram Meier

Dr. Bertram Meier
Bischof von Augsburg

Augsburg, am 7. Juni 2020, Dreifaltigkeitssonntag

Die Kirche ist nicht Gott

Geistliches Wort zur Fastenzeit, verlesen am 1. März 2020

Was ist bloß mit der Kirche los? Das frage nicht nur ich. Viele machen ein trauriges Gesicht, können sich kaum noch darüber freuen, dass sie katholisch sind. Das sah vor Jahren noch anders aus. Mancher denkt an den Aufbruch des Zweiten Vatikanischen Konzils zurück und an die Impulse, die von der Würzburger Synode ausgingen. Man träumte von einer offenen Kirche, den Menschen in ihrer Freude und Hoffnung, in ihrer Trauer und Angst zugewandt[1] – weder abgeschottet noch abgehoben, sondern bodenständig und zugleich himmelwärts.

Nicht wenige sehen sich heute in ihren Erwartungen enttäuscht. Jugendliche fragen: Habe ich in der Kirche überhaupt Platz, will man mich da wirklich? Eltern sagen: Wir selber bleiben noch dabei, aber unsere Kinder? Trotz allem erfahre ich es immer wieder: Der Hunger nach Gott ist durchaus bei vielen zu spüren. Sie suchen geistliche Nahrung. Finden sie bei uns, was sie tatsächlich sättigt – oder werden sie abgespeist mit Konserven, deren Verfallsdatum überschritten ist?

Seit acht Monaten bin ich als Verwalter unseres Bistums nun schon mit Ihnen, liebe Mitglieder des Volkes Gottes, unterwegs. Dass mein Dienst von vielen herzlich und wohlwollend angenommen wird, weiß ich sehr zu schätzen. Zwar war ich hier kein Unbekannter, aber in der Zeit der Sedisvakanz durfte ich zahlreiche Gemeinden und Gemeinschaften noch besser kennenlernen – bei Firmungen, Einweihungen und Jubiläen, in Gesprächen und Begegnungen. Da mich Papst Franziskus

---

1 Vgl. Zweites Vatikanisches Konzil (1962–1965), Pastorale Konstitution *Gaudium et spes*, Nr. 1.

mittlerweile zum neuen Bischof von Augsburg ernannt hat, wird unser gemeinsamer Weg in Zukunft noch intensiver und verbindlicher. Ich freue mich auf die Jahre, die uns geschenkt werden, um Leben und Glauben miteinander zu teilen. Wie unterschiedlich wir auch sind, das Anliegen, das Evangelium unter die Leute zu bringen, soll uns zusammenschweißen. Nur miteinander werden wir diese Aufgabe, die Jesus uns stellt (vgl. Mk 16,15), meistern. Es gibt ja kein Monopol für diesen Auftrag. Wir alle sind dazu ermächtigt – kraft unserer Taufe und Firmung. Gemeinsam werden wir uns dieser Aufgabe stellen, denn es gibt viele Wege und Weisen, die Frohe Botschaft anzubieten und weiterzutragen. Das erfordert Achtung und Respekt voreinander und vor dem Reichtum der Initiativen. Ich sehe darin eine pastorale Querschnittsaufgabe.

So ist meine Vorfreude auf meinen Dienst als Bischof groß. Wenn ich in unsere Städte komme oder übers Land fahre, beeindrucken mich die Türme unserer Kirchen und Kapellen: stumme Zeugen des Glaubens, wie er seit Jahrhunderten von Generation zu Generation weitergetragen wird. Sie kommen mir vor wie Ausrufezeichen. Der Dichter Reiner Kunze bringt es auf den Punkt: „Damit die erde hafte am himmel, / schlugen die menschen kirchtürme in ihn."[2]

Kirchtürme werden normalerweise tief in der Erde verankert, um standhaft zu sein. In kühner Umkehr dieser Perspektive spricht der Dichter von der Verankerung dieser Türme im Himmel, zu dem sie wie erhobene Zeigefinger weisen. Zwar machen Kirchtürme und Gotteshäuser die Welt nicht gleich zu einem himmlischen Ort, aber sie halten die Erinnerung wach an die Nähe Gottes. Sie bewahren die Vergangenheit und

---

2 Reiner Kunze, Die Silhouette von Lübeck, im Gedichtband: auf eigene hoffnung, Frankfurt 1981, S. 44.

verpflichten für die Zukunft. Unsere Kirchen mahnen uns: Dieser Ort ist heiliger Boden, der Raum, wo Christus in seinem Wort und in der Eucharistie, im Tabernakel, gegenwärtig ist. Und gleichzeitig weisen die Gotteshäuser über die Immobilie hinaus, indem sie eine quasi missionarische Bedeutung für Fernstehende haben. Ihre Botschaft lautet: Hier in der Kirche triffst du auf Menschen, die von Gott angerührt sind, in deren Gemeinschaft du dem lebendigen Gott begegnen kannst.

Jedenfalls zeigt sich uns die Kirche heute als durchaus schillernde Erscheinung. Es liegt mir fern, das Gewicht kritischer Anfragen an sie und damit an uns alle herunterzuspielen. Dennoch möchte ich nicht einzelne Punkte abhandeln, was den Rahmen dieses Briefes sprengen würde, sondern einen Gedanken entfalten, der uns helfen kann, der Kirche ihren Ort zuzuweisen und sie besser zu verstehen. Der Gedanke lautet: Die Kirche ist nicht Gott. Sie ist nicht Ziel unseres Glaubens, sondern im wahrsten Sinn des Wortes „vor-läufig". Zweifellos ist sie als Gemeinschaft der Glaubenden unbedingt notwendig, denn keiner lebt und glaubt für sich allein. Ohne die Vernetzung mit den Menschen, die vor mir geglaubt haben und die jetzt mit mir unterwegs sind, wäre ich nicht der, der ich bin und sein möchte. Auf keinen Fall will ich die Kirche mit ihrem Schatz an Erfahrungen, dem Reichtum ihrer Begabungen und der Vielfalt der Wege zu Gott – vor allem der Heiligen wegen – missen.

Aber die Kirche ist nicht das Ziel, sie ist nicht Gott. Ihre DNA besteht darin, dass sie ganz und gar von Gottes Treue gehalten wird – auch wenn sie aus Menschen besteht und daher oft allzu menschliche Züge aufweist. Papst em. Benedikt XVI. (Joseph Ratzinger) hat schon als junger Theologe wiederholt vor dem „Ekklesiomonismus" gewarnt[3], vor einer Tendenz, die Kirche

---

3 Joseph Ratzinger, Einleitung zur Dogmatischen Konstitution über die göttliche Offenbarung *Dei Verbum* und Kommentar zu Proömium, Kap. 1 und 2, in: LThK², Erg.Bd. II, Freiburg 1967, S. 498–503; 504–528.

ins Zentrum des Glaubens zu rücken. Stattdessen ist er ein An-
walt des Christozentrismus: ein Ansatz mit großer ökumeni-
scher Tragweite. Darum darf man „eine Totalidentifikation mit
der jeweiligen empirischen Kirche nicht wollen."[4] Das würde
bedeuten, die Kirche sei vollkommen und hätte keine Umkehr
mehr nötig. Tatsächlich aber beginnen wir jede hl. Messe, zu
der wir uns als Kirche versammeln, mit dem Schuldbekennt-
nis. Außerdem ist es kein Zufall, dass uns der Empfang des
Bußsakramentes gerade in der Fastenzeit besonders ans Herz
gelegt wird – übrigens sind hier alle Glieder der Kirche einbe-
zogen, auch die Kleriker bis zu den Bischöfen und dem Papst.

Um den Gedanken noch zu vertiefen, lade ich ein, in unser
Apostolisches Glaubensbekenntnis zu blicken. Der Text macht
hier einen wichtigen Unterschied, den wir leider in der deutschen Sprache zu wenig mitvollziehen.[5] Im Credo beten wir:
„*Credo in Deum* – ich glaube *an* Gott", d. h. ich glaube *in ihn
hinein,* ich lege mich in seine Hand, ich überlasse mich ihm.
Es geht um eine persönliche Beziehung, um Freundschaft mit
Gott. Dagegen heißt es im Hinblick auf die Kirche: „*Credo ec-
clesiam* – ich glaube *die* Kirche" als Mittel, als Weg zum Ziel, als
„Zeichen und Werkzeug" des Heils[6] – nicht weniger, aber auch
nicht mehr.

Damit ist die Kirche ins rechte Licht gerückt. Sie ist nicht Gott,
aber sie hat die Aufgabe, die Menschen mit Gott in Verbindung
zu bringen, Gott und Menschheit zu vereinen. Weil Gott die
Kirche nicht fallen lässt, dürfen auch wir zu ihr stehen, sie

---

4 Joseph Ratzinger, Identifikation mit der Kirche, in: ders. / Karl Lehmann, Mit der Kirche leben, Freiburg-Basel-Wien 1977, S. 11–40, hier: 25 f.
5 Auf beeindruckende Weise hat dies (der spätere Kardinal) Henri de Lubac herausgear-
 beitet in: Credo. Gestalt und Lebendigkeit unseres Glaubensbekenntnisses. Übersetzt
 von Hans Urs von Balthasar und Auguste Schorn, Einsiedeln 1975, S. 132–143; 222–
 229.
6 Vgl. Zweites Vatikanisches Konzil, Dogmatische Konstitution *Lumen gentium,* Nr. 1.

mit ihren Fehlern und Schwächen annehmen und vor allem sie lieben. Wir sind nicht bestimmter Menschen wegen in der Kirche, sondern um Gottes willen. Und umgekehrt sollten wir uns um Gottes willen nicht bestimmter Menschen wegen von der Kirche verabschieden. Was die Kirche an Mitteln des Heils zu bieten hat, ist wichtiger und stärker als alles, was sie in ihrer Geschichte aufgeladen hat und als Last mit sich herumschleppt. Die Fastenzeit ist eine Gelegenheit, die Quellen des Heils anzuzapfen, die in der Kirche bereitstehen. Denn sie ist der Raum, in dem wir Gott suchen und finden können.

Einige praktische Beispiele, die für viele andere stehen, empfehle ich als Fastenvorsätze: Bibelgespräche und Predigtreihen, Exerzitien im Alltag, Besinnungstage und Glaubenskurse, den Empfang der Sakramente, besonders der Buße und der Eucharistie. Wichtig dabei ist, dass wir uns nicht auf die Liturgie fixieren. Denn wie sagte Bischof Joachim Wanke: „Uns fehlt die Eucharistie des Lebens, darum bleibt die Eucharistie auf den Altären so ohne Resonanz. Wir feiern die Eucharistie zu oft liturgisch, und wir leben sie zu wenig im Alltag."[7] Ja, der Alltag ist der Testfall der Eucharistie. Auch die eucharistische Anbetung, die vielerorts neu entdeckt wird, bekommt nur dann Sinn und Fundament, wenn sie sich als Grundhaltung entfaltet in der glaubwürdigen Liebe zum Nächsten, der gelebten Caritas. Das hat der hl. Papst Johannes Paul II. klar erkannt: „Der Mensch ist der erste und grundlegende Weg, den die Kirche bei der Erfüllung ihres Auftrags beschreiten muss – ein Weg, der von Christus selbst vorgezeichnet ist und unabänderlich

---

7 Joachim Wanke, Anforderungsprofil des Priesters in einer evangelisierenden Kirche, in: Peter Klasvogt (Hg.), Leidenschaft für Gott und sein Volk. Priester für das 21. Jahrhundert, Paderborn 2003, S. 57–71, hier: 69.

durch das Geheimnis der Menschwerdung und der Erlösung führt."[8]

Lassen wir uns von Jesus Christus mitnehmen auf den Weg zu Kreuz und Auferstehung, um so gemeinsam den Auftrag zu erfüllen, der uns als Kirche gestellt ist: Menschen zu helfen, Gott zu suchen und zu finden. Dazu erbitte ich uns allen Gottes Segen und den Rückenwind seines Heiligen Geistes.

Augsburg, am 22. Februar 2020, Fest der Kathedra Petri

---

8 Johannes Paul II., Antrittsenzyklika *Redemptor hominis* (1979), Nr. 14.

LASST EINANDER NICHT ALLEIN!

Wort der Ermutigung an das Pilgernde Gottesvolk in Augsburg
zum Hochfest des hl. Josef am 19. März 2020

So etwas haben wir wohl alle noch nicht erlebt. Corona ist nicht nur eine Welle. Das Virus ist wie eine Walze, die uns gerade überrollt. Und wir haben nichts in der Hand, um sie zu stoppen. Höchstens nehmen wir ihr die Wucht. Das hoffen wir jedenfalls. Wir schließen, verschieben, sagen ab. So haben wir uns auch schweren Herzens entschlossen, meine Bischofsweihe[1] auf unbestimmte Zeit zu verschieben. Aber aufgeschoben ist ja nicht aufgehoben! Es geht jetzt darum, alles zu tun und auf noch mehr zu verzichten, um unsere Mitmenschen nicht zu gefährden. Mit diesem Ziel unterstützen wir die Maßnahmen, die von unseren Politikern und den Verantwortlichen in den Gesundheitsämtern ergriffen werden. Danke für das professionelle Krisenmanagement!

Doch ist das alles, was wir als Kirche zu Corona sagen können? Eigentlich hatte ich mich gefreut, Sie in diesen Tagen als neuer Bischof grüßen zu dürfen. Nun ist es anders gekommen. Dennoch oder gerade deshalb ist es mir ein Herzensanliegen, mich jetzt in dieser für uns alle schweren Zeit mit einem Wort der Ermutigung an Sie zu wenden.

Ich tue das im Blick auf den hl. Josef, den Nährvater Jesu und den Schutzpatron der Kirche. „Geht zu Josef!" (Gen 41,55). Während einer Hungersnot in Ägypten gibt der Pharao diesen guten Rat, indem er auf den ehemaligen hebräischen Sklaven verweist, den seine Brüder für ein paar Silbermünzen

---

1 Unmittelbar mit der Ernennung zum Bischof von Augsburg am 29. Januar 2020 wurde als Weihetermin der 21. März 2020 bekanntgegeben.

verkauft haben. Geht zu Josef! Die Kirche zeigt damit auf Marias Verlobten, den Zimmermann aus Nazareth. Er gehört zu den großen Fürsprechern in allen Nöten. Gerade in dieser Zeit der Unsicherheit und gesundheitlichen Gefährdung dürfen auch wir den stillen, aber treuen und verlässlichen Mann im Hintergrund um seinen Schutz und um Ermutigung bitten. Eine Litanei zum hl. Josef ist angefügt.

In dieser Krise, in der die Verunsicherung auch viele Ängste zu Tage bringt, haben wir als Kirche ein Angebot, das wir uns nicht selbst gegeben haben und das uns keiner nehmen kann. Wir wollen und dürfen es uns auch nicht nehmen lassen. Im Gegenteil: Die Kirche hat von Jesus Christus selbst Heilsmittel in die Wiege gelegt bekommen, die sie auch weiterhin anbieten wird – wenn auch in anderer Form. Gerade jetzt in der Vorbereitungszeit auf Ostern sehe ich es als ernannter Bischof von Augsburg als meine Pflicht, auf diese Schatztruhe des Heils hinzuweisen.

Da ist das Wort Gottes, das uns Christen aller Konfessionen verbindet. Lesen wir in diesen Wochen und Monaten wieder mehr in der Heiligen Schrift! Lassen wir uns inspirieren vom „Wort des Lebens", das uns geschenkt wird! Holen wir wieder eine Bibel aus dem Regal, die vielleicht schon verstaubt ist, aber gerade jetzt zu neuem Leben erweckt werden will! Gerade in dieser Zeit merken wir: Das Wort Gottes ist mehr als das, was zwischen zwei Buchdeckel passt.

In Zeiten von Corona bekommen auch der Fernsehgottesdienst oder die Morgenfeiern, die über den Bayerischen Rundfunk und andere Sender ausgestrahlt werden, eine neue Bedeutung. Jeden Sonntag kann man live dabei sein, im Anschluss gibt es die Gottesdienste in der Mediathek zum Nachschauen und Nachhören, einfach zum Nachklingenlassen. Daneben besteht die Möglichkeit zum Livestream, der in einigen Gemeinden vor Ort gepflegt wird. Auch wenn viele Pfarrer – wie ich – nicht so technikaffin sein mögen, es lassen sich Menschen finden – gerade auch junge Leute, die sich auf diesem Feld phantasievoll engagieren können. Ich selbst überlege, wie ich als Ihr bestellter Hirte gerade in den kommenden Wochen auf diesem Wege nahe sein und Ihnen, meinem bischöflichen Wahlspruch gemäß, das Wort Gottes künden kann.

Auch gibt es Möglichkeiten, Online-Gemeinschaften zu gründen oder noch zu festigen. Neben anderen guten Projekten denke ich dabei an die Gebetsinitiative „Einfach gemeinsam BETEN", die es schon länger gibt und die gerade eine Themenwoche anbietet: Gemeinsam beten im Angesicht der Corona-Krise: www.credo-online.de. Auch unsere ökumenische Telefonseelsorge steht bereit, wenn Sie Sorgen und Ängste haben: Wählen Sie einfach (ohne Vorwahl): 116 123. Sie finden dort immer – rund um die Uhr – ein offenes Ohr. Anonymität und Vertraulichkeit sind garantiert.

Gerade jetzt dürfen wir nicht nach dem Motto handeln: In der Not ist sich erstmal jeder selbst der Nächste. Auch Christen sind davor nicht gefeit. Martin Luther, den ich in Verbundenheit mit unseren evangelischen Schwestern und Brüdern nennen möchte, hat es am Ende des Mittelalters so erlebt: Als die Seuchen grassierten, sind alle, die reich und fit waren, panisch aus den Städten geflohen. Ihre Kranken und Bedürftigen ließen sie einfach zurück. Luther fand das schlimm.

Auch wenn er um die Gefahren wusste, schrieb er: „Wo aber mein Nächster meiner bedarf, will ich weder Orte noch Personen meiden, sondern frei zu ihm gehen und helfen" (*Ob man vor dem Sterben fliehen möge,* 1527). Das sind alte Worte, aber mit klarer Ansage.

Die Kirche darf nicht fliehen. Wir müssen bei den Menschen sein und bleiben – gerade jetzt, wenn es dem Höhepunkt des Kirchenjahres entgegengeht. Nicht nur weil Papst Franziskus persönlich dazu aufgefordert hat *(Frühmesse am 10. März 2020)*, sondern auch aus innerer Überzeugung heraus rate ich vor allem den Priestern, Diakonen und SeelsorgerInnen: Lasst die Menschen nicht allein! Don Maurizio, ein italienischer Pfarrer in Rom, macht weiter Hausbesuche und sagt: „Ich kann das nicht nur, ich muss es machen." Er und andere Gemeindemitglieder bringen Einkäufe, teilen die hl. Kommunion aus – gerade den Alten und Kranken – und spenden Trost: vorschriftsgemäß mit Maske, Handschuhen und Sicherheitsabstand. Und noch einen ganz einfachen Tipp habe ich: Nutzen Sie vermehrt das Telefon! Ich kann aus eigener Erfahrung sprechen: Meiner Mutter im Seniorenheim tut es gut, wenn ich als Sohn und auch Bekannte und Freundinnen sie anrufen.

Ja, das ist heuer eine echte Fastenzeit: österliche Bußzeit im Ernstfall! Suchen wir Wege, um unsere höchste Mission zu erfüllen: mit beiden Beinen auf dem Boden der Tatsachen stehen und gleichzeitig den Menschen den Himmel offenhalten! Deshalb lade ich für den 27. März, den Freitag vor dem Passionssonntag, die ganze Diözese zu einem Fasten- und Gebetstag ein.

Gehen wir zu Josef!

Lassen Sie mich schließen mit einem Beispiel aus Italien. Am Fest des hl. Josef sollen alle Gläubigen – ob allein oder als Familie – am Abend in ihrer Wohnung den Rosenkranz beten, so die Einladung der italienischen Bischofskonferenz. Als Signal der Verbundenheit könne man am Fenster ein weißes Tuch anbringen oder eine Kerze anzünden.

Ich hoffe, dass ich Sie mit diesen Gedanken ein wenig ermutigen und stärken konnte. Wir werden die Corona-Krise meistern – und sie im Rückspiegel vielleicht als Chance sehen, wieder mehr zum Wesentlichen unseres Glaubens vorzudringen und als Kirche(n) mehr zusammenzurücken – geistlich. Viele brauchen jetzt Trost und Nähe – innerlich. Beten wir mit den Bischöfen Europas: „Befreie uns von Krankheit und Angst, heile unsere Kranken, tröste ihre Familien, gib den Verantwortlichen in den Regierungen Weisheit, den Ärzten, Krankenschwestern und Freiwilligen Energie und Kraft, den Verstorbenen das Ewige Leben."

Lassen Sie sich von Christus umarmen! (Ignatius von Loyola) Es segne Sie der allmächtige und treue Gott, der Vater und der Sohn und der Heilige Geist.

Bertram
Ernannter Bischof von Augsburg
Augsburg, zum Hochfest des heiligen Josef, am 19. März 2020

VIDEO
https://www.youtube.com/watch?v=EC5WV-DTwDU

Litanei zum heiligen Josef

Herr, erbarme dich unser
Christus, erbarme dich unser
Herr, erbarme dich unser

Christus höre uns,

Christus erhöre uns.

Gott Vater im Himmel,   *erbarme dich unser*
Gott Sohn, Erlöser der Welt,
Gott, Heiliger Geist.
Heilige Dreifaltigkeit,
dreieiniger Gott.

Heilige Maria,   *bitte für uns*
Heiliger Josef, du ruhmreicher Spross Davids
Du Licht der Patriarchen
Du Bräutigam der Gottesmutter
Du reinster Beschützer der hl. Jungfrau
Du Nährvater des Sohnes Gottes
Du eifriger Verteidiger Christi
Du Haupt der Heiligen Familie
Josef, ausgezeichnet durch Gerechtigkeit
Josef, leuchtend in heiliger Reinheit
Josef, du Muster der Klugheit
Josef, du Mann voll Starkmut
Josef, du Beispiel des Gehorsams
Josef, du Vorbild der Treue
Du Spiegel der Geduld
Du Liebhaber der heiligen Armut
Du Vorbild der Arbeiter
Du Zierde des häuslichen Lebens

Du Beschützer der Jungfrauen
Du Stütze der Familien
Du Trost der Leidenden
Du Hoffnung der Kranken
Du Patron der Sterbenden
Du Schrecken der bösen Geister
Du Schutzherr der heiligen Kirche

Lamm Gottes, du nimmst hinweg
die Sünden der Welt,   *verschone uns, o Herr!*
Lamm Gottes, ...   *erhöre uns, o Herr!*
Lamm Gottes, ...   *erbarme dich unser, o Herr!*

V: Er machte ihn zum Herrn seines Hauses.
A: Und zum Verwalter seines ganzen Besitzes.

Lasset uns beten:

O Gott, du hast dich gewürdigt, in unendlicher Fürsorge den heiligen Josef zum Bräutigam deiner heiligsten Mutter zu erwählen. Verleihe uns gnädig, dass wir ihn, den wir auf Erden als Beschützer verehren, als Fürbitter im Himmel zu haben verdienen. Er stehe uns zur Seite und behüte uns in dieser schweren Zeit. Durch Christus, unseren Herrn. Amen.

Auszug aus dem heiligen Evangelium nach Johannes
(Joh 9,1.6−9.13−17.34−38)

In jener Zeit sah Jesus unterwegs einen Mann, der seit seiner Geburt blind war. Er spuckte auf die Erde, machte mit dem Speichel einen Teig, strich ihn dem Blinden auf die Augen und sagte zu ihm: Geh und wasch dich in dem Teich Schilóach! Der Mann ging fort und wusch sich. Und als er zurückkam, konnte er sehen. Die Nachbarn und jene, die ihn früher als Bettler gesehen hatten, sagten: Ist das nicht der Mann, der dasaß und bettelte? Er selbst aber sagte: Ich bin es.

Da brachten sie den Mann, der blind gewesen war, zu den Pharisäern. Es war aber Sabbat an dem Tag, als Jesus den Teig gemacht und ihm die Augen geöffnet hatte. Einige der Pharisäer sagten: Dieser Mensch ist nicht von Gott, weil er den Sabbat nicht hält.

Andere aber sagten: Wie kann ein sündiger Mensch solche Zeichen tun? So entstand eine Spaltung unter ihnen. Da fragten sie den Blinden noch einmal: Was sagst du selbst über ihn? Er hat doch deine Augen geöffnet. Der Mann sagte: Er ist ein Prophet. Sie entgegneten ihm: Du bist ganz und gar in Sünden geboren und du willst uns belehren? Und sie stießen ihn hinaus.

Jesus hörte, dass sie ihn hinausgestoßen hatten, und als er ihn traf, sagte er zu ihm: Glaubst du an den Menschensohn? Da antwortete jener und sagte: Wer ist das, Herr, damit ich an ihn glaube? Jesus sagte zu ihm: Du hast ihn bereits gesehen; er, der mit dir redet, ist es. Er aber sagte: Ich glaube, Herr! Und er warf sich vor ihm nieder.

Glauben leben in den Hauskirchen

Predigt am vierten Fastensonntag, 22. März 2020

Der heutige Tag hat für mich eine besondere Bedeutung. Denn es war vor 36 Jahren, am vierten Fastensonntag Laetáre, als ich zum ersten Mal als Diakon am Tag nach meiner Weihe gepredigt habe. Es war sozusagen meine Diakonenprimiz. Wir waren nur ein kleiner Kreis: meine Eltern, meine Schwester, mein Heimatpfarrer, einige Freundinnen und Freunde aus Rom, sonst niemand. Und der Rahmen der Feier: die Domitilla-Katakombe. In einer Katakombe habe ich zum ersten Mal gepredigt, durfte ich „Stimme des Wortes"[1] sein. Und der Predigttext war genau das Evangelium, das ich Ihnen eben vorgelesen habe: die Heilung des Blindgeborenen. „Ich glaube, Herr! Und er warf sich vor ihm nieder."

Die Grundgedanken meiner ersten Predigt hatte ich mir damals aufgeschrieben – hier in diesem Buch, meinem geistlichen Tagebuch, sind die Punkte vermerkt. Damals waren die Katakomben Touristenattraktionen, heute fühlen wir uns tatsächlich wie in einer Katakombenkirche. Viele von Ihnen, die Sie zuschauen oder zuhören, werden diese Gefühle mit mir teilen: in den Pfarr- und Klosterkirchen, in den Filialkirchen und Gebetsräumen, nicht zuletzt in den Wohnungen und Häusern. Wir führen keinen Krieg mit einem militärischen Feind, unser Gegner heißt Corona – unsichtbar und doch nicht

---

1 Erster Teil meines bischöflichen Wahlspruches. Er ist aus einem Predigtwort des hl. Augustinus zum Vorläufer Johannes und einem Briefzitat des hl. Bernhard von Clairvaux zusammengesetzt und lautet: *vox Verbi – vas gratiae,* Stimme des Wortes – Schale der Gnade.

weniger gefährlich. Dieses Virus zwingt uns zur Katakombenkirche. Deshalb meine Bitte: Entdecken Sie Ihre Häuser und
Wohnungen als Kirchen, als Räume, in denen sie mit Gott ins
Gespräch kommen können! Die ersten Christen hatten keine eigenen Immobilien für Gott, sie stellten ihre Häuser ihm
und ihren Schwestern und Brüdern zur Verfügung. Die ersten
Gemeinden bauten keine Häuser aus Stein, sie selbst haben
gelebt, was wir jetzt wieder brauchen: Kirche in den Häusern,
Hauskirchen. Gerade im Hinblick auf die Heilige Woche wird
dies wichtig werden. Die Heilige Woche fällt nicht aus, aber sie
wird anders sein. Und dennoch nicht weniger intensiv.

„Ich glaube, Herr! Und er warf sich vor ihm nieder." Das Thema
meiner Predigt zur Diakonenprimiz war ganz einfach, elemen-
tar: Was ist Glaube? Glaube beginnt nicht mit dem Bleiben,
sondern mit dem Gehen. Glaube ist nicht zuerst Finden, sondern zuallererst suchen. Das spüren wir jetzt Tag um Tag. Gegen Corona ist bislang kein Kraut gewachsen. Die Suche nach
einem Impfstoff läuft auf Hochtouren. Hoffentlich finden unsere Wissenschaftler bald eine Lösung. Auch der Glaube muss
immer neu gesucht und errungen werden. Wir haben Gott
nicht in der Hand, selbst wenn er uns in der hl. Kommunion
in die Hand oder auf die Zunge gelegt wird. Doch wir können
Gott nicht in die Tasche stecken – selbst als Hostie nicht. Wir
haben Jesus nicht in der Hand. Er ist kein Objekt, das wir hüten
und schützen müssten – Jesus hat das nicht nötig. Im Gegenteil: Gott ist immer wieder für Überraschungen gut. Das merken wir in dieser schweren Zeit auf Schritt und Tritt. Aber auch
diese Zeit ist Gottes Zeit. Er will uns damit etwas sagen – selbst
wenn wir noch nicht genau wissen, was.

Glauben heißt suchen. Pater Josef Grotz, ein Jesuit aus Schwab-
mühlhausen – ein Sohn unserer Diözese, viele Jahre Rektor der
Marienkirche in Würzburg und erfahrener Priesterausbilder –
hat uns vor der Diakonenweihe in Rom die Exerzitien gehalten
und dabei gesagt: „Wenn einer ganz zu Gott gekommen ist,
dann geht die Suche erst an." Das kann ich nur dick unterstrei-
chen – gerade jetzt. Die Corona-Krise schickt uns auf eine Such-
expedition nach dem Willen Gottes. Da bin ich mir sicher – für
mich persönlich, aber auch für die Kirche. Spüren wir nach,
welche Konsequenzen diese Erschütterung für das kirchliche
Leben in den Gemeinden und Klöstern haben könnte!

Und fragen wir uns auch: Welche Folgen hat das für unser aller
Anliegen, das Evangelium unter die Leute zu bringen? Es kann
nicht nur um Glaubenssätze und Moralvorschriften gehen.
Evangelisierung ist mehr als Katechese. Unser persönliches
Zeugnis ist gefragt. Gerade in der Zeit der Krise werden uns die
Menschen mit der Gretchenfrage konfrontieren: „Wie hältst
du's wirklich mit der Religion?" Hast du tatsächlich Gottver-
trauen – oder betest du nur Formeln nach? Was bedeutet dir
Anbetung wirklich? Ist das nur ein liturgischer Ritus oder aber
ein Habitus, eine Lebensform, die sich letztlich im Dienst am
Nächsten bewähren muss?

Schauen wir auf eine Frau, die sich bewusst den Glauben ab-
gewöhnt hat und erst nach und nach zur katholischen Kirche
findet. Nach dem Abschluss ihres Studiums der Philosophie,
Geschichte und Deutsch geht sie für fünf Monate in ein Seu-
chenlazarett nach Mährisch-Weißkirchen, wo Tausende Sol-
daten von der Karpatenfront behandelt werden: Sie leiden an
Cholera, Flecktyphus und Ruhr, viele mit amputierten Glied-
maßen. Die junge Frau heißt Edith Stein. Die Absolventin mit
glanzvollem Abschluss erlebt hautnah, wie Männer ihres Alters

wegsterben. Die selbsternannte Atheistin wird nachdenklich. Und so beginnt für sie ein Weg des Sich-Hineintastens in das Geheimnis des Christentums – vom Ereignis der Menschwerdung Gottes in die Kreuzeswissenschaft, von der Taufe in den Karmel bis zur Fahrt „ad orientem", in den Osten nach Auschwitz, doch auch in die Richtung, in der die Ostersonne aufgeht.

Lassen sie mich schließen mit einem Wort aus der Feder Edith Steins, Sr. Teresia Benedicta a Cruce, die auch in unsere heutige Zeit hineinspricht: „Ein Mensch kann dogmenfest sein, ohne gläubig zu sein, d.h. ohne den religiösen Grundakt einmal vollzogen zu haben, geschweige denn, darin zu leben. Er kann im Sinne der Dogmen sein Leben führen, ohne aus dem Glauben zu leben. Seine Werke können durchaus korrekt sein, aber sie sind nicht wahrhaft in Gottes Willen getan und können auch nicht vor Gott wohlgefällig sein" (*Welt und Person, ESW VI*, S. 194 f.).

Jetzt geht es nicht so sehr um Rechtgläubigkeit; was zählt ist Glaubwürdigkeit um Gottes und der Menschen willen.

„Ich glaube, Herr! Und er warf sich vor ihm nieder." Wenn wir jetzt im Credo miteinander unseren gemeinsamen Glauben bekennen, dann sollten wir daran denken, was jeder Weihekandidat und jede Ordenschristin vor dem Altar tut: Er/sie wirft sich nieder vor dem Herrn, wird klein, damit der Herr seinen/ihren Glauben, sein/ihr Gottvertrauen groß machen kann. Das werden wir brauchen – nicht nur in den nächsten Wochen. Amen.

VIDEO
https://www.youtube.com/watch?v=3IMrFMXSADI

WEIHEGEBET DES BISTUMS AN MARIA

zum Hochfest der Verkündigung des Herrn 25. März 2020,
erneuert am 1. Mai 2020 bei der ersten feierlichen Maiandacht

MARIA,
Stern der Frohen Botschaft!
Du hast das Wort Gottes als Erste
bereitwillig aufgenommen und Ja dazu gesagt,
dass es zur Welt kommen konnte.
Mache uns zu aufmerksamen Hörerinnen und Hörern
des Wortes
und zu mutigen Zeuginnen und Zeugen Jesu, deines Sohnes,
des einzigen Lehrers und Retters der Welt.

Dir, Mutter der göttlichen Liebe,
vertrauen wir das pilgernde Gottesvolk von Augsburg an
mit seinen Möglichkeiten und Problemen,
mit seinen Freuden, Ängsten und Hoffnungen.
Wir empfehlen dir die Familien,
die Kranken, die Alten, die Alleinstehenden.
In deine guten Hände betten wir
die Erwartungen und Wünsche der Jugendlichen.
Vor allem legen wir dir das Anliegen ans Herz,
dass sich durch deine Fürsprache
die Zahl der Arbeiter im Weinberg des Herrn mehre.
Mögen die jungen Menschen
die Berufung zum Priester und für ein Leben nach den
evangelischen Räten,
deren die Welt so dringend bedarf,
in ihrer Schönheit neu schätzen lernen.

O Maria, sprich mit deinem Sohn!
Sprich mit ihm über unser schwieriges „Heute".
Stelle uns Jesus Christus vor,
den wir einladen als Begleiter auf dem Weg,
den wir gemeinsam gehen wollen,
damit das Evangelium in unserer Heimat eine Zukunft hat.
Diese Zukunft beginnt jetzt.
Hilf uns, dass wir uns heute für Christus entscheiden.
Bewahre uns davor, Schaden zu nehmen an Seele und Leib.

O Mutter der Kirche von Augsburg!
Hilf uns, mit der Frohen Botschaft im Herzen
das schwierige „Heute" zu bestehen,
damit wir miteinander das Ziel erreichen,
das dein Sohn selber ist:
der starke Gott, Friedensfürst und Heiland der Seelen.
Amen.

Bertram Meier, ernannter Bischof von Augsburg

Auszug aus dem heiligen Evangelium nach Johannes
(Joh 11,3–7.17.20–27.33b–45)

In jener Zeit sandten die Schwestern des Lazarus Jesus die Nachricht: Herr, sieh: Der, den du liebst, er ist krank. Als Jesus das hörte, sagte er: Diese Krankheit führt nicht zum Tod, sondern dient der Verherrlichung Gottes. Durch sie soll der Sohn Gottes verherrlicht werden. Jesus liebte aber Marta, ihre Schwester und Lazarus. Als er hörte, dass Lazarus krank war, blieb er noch zwei Tage an dem Ort, wo er sich aufhielt. Danach sagte er zu den Jüngern: Lasst uns wieder nach Judäa gehen.

Als Jesus ankam, fand er Lazarus schon vier Tage im Grab liegen. Marta sagte zu Jesus: Herr, wärst du hier gewesen, dann wäre mein Bruder nicht gestorben. Aber auch jetzt weiß ich: Alles, worum du Gott bittest, wird Gott dir geben.

Jesus sagte zu ihr: Dein Bruder wird auferstehen. Marta sagte zu ihm: Ich weiß, dass er auferstehen wird bei der Auferstehung am Jüngsten Tag. Jesus sagte zu ihr: Ich bin die Auferstehung und das Leben. Wer an mich glaubt, wird leben, auch wenn er stirbt, und jeder, der lebt und an mich glaubt, wird auf ewig nicht sterben. Glaubst du das? Marta sagte zu ihm: Ja, Herr, ich glaube, dass du der Christus bist, der Sohn Gottes, der in die Welt kommen soll.

Jesus war im Innersten erregt und erschüttert. Er sagte: Wo habt ihr ihn bestattet? Sie sagten zu ihm: Herr, komm und sieh! Da weinte Jesus. Die Juden sagten: Seht, wie lieb er ihn hatte! Da wurde Jesus wiederum innerlich erregt und er ging zum Grab. Es war eine Höhle, die mit einem Stein verschlossen war.

Jesus sagte: Nehmt den Stein weg! Er erhob seine Augen und sprach: Vater, ich danke dir, dass du mich erhört hast. Ich wusste, dass du mich immer erhörst; aber wegen der Menge, die um mich herumsteht, habe ich es gesagt, damit sie glauben, dass du mich gesandt hast.

Nachdem er dies gesagt hatte, rief er mit lauter Stimme: Lazarus, komm heraus! Da kam der Verstorbene heraus; seine Füße und Hände waren mit Binden umwickelt und sein Gesicht war mit einem Schweißtuch verhüllt. Jesus sagte zu ihnen: Löst ihm die Binden und lasst ihn weggehen!

Viele der Juden, die zu Maria gekommen waren und gesehen hatten, was Jesus getan hatte, kamen zum Glauben an ihn.

„Komm heraus!"
Die Kirche ist heilsrelevant

Predigt am fünften Fastensonntag, 29. März 2020

Das Wochenend-Journal der Augsburger Allgemeinen titelte: „Bio für alle – Ökoboom. Die Nachfrage steigt und macht aus der runzligen Rübe von einst ein Massenprodukt". Der Bioboom ist mehr als Mode. *„Bíos"* heißt Leben. Es ist die Sehnsucht nach Leben, die uns Menschen treibt, mehr Geld auszugeben, damit Leben gesund ist und zugleich Freude macht. Wie sich die Zeiten geändert haben! Einst war Bio Inbegriff für Wollpullover, Jutetaschen, fleckige Äpfel und Konsumverzicht. Doch das ist Schnee von gestern. „Bio ist heute nicht mehr Askese, sondern sinnlicher Genuss", sagt das Marktforschungsinstitut Rheingold. „Wir erleben eine Rückbesinnung auf die großen Werte wie das Leben und die Liebe. Das macht Bio-Angebote generell attraktiv." Die Biowelle hat Hochkonjunktur: nicht nur bei Lebensmitteln, sondern auch in der Textilindustrie und in der Naturkosmetik: Schön will man sein, und dabei natürlich und gesund.

Um Leben und Liebe geht es auch in Betanien, in der Nähe von Jerusalem, am Ölberg, auf der Straße nach Jericho, nur 15 Stadien von Jerusalem entfernt, d.h. knapp drei Kilometer vor den Toren der Stadt. Dort gab es Pilgerhospize und Pensionen für Leute, die noch etwas ausruhen wollten, ehe sie sich dem Trubel der Stadt aussetzten. In Betanien hatte Jesus Freunde. Wenn er auf dem Weg nach Jerusalem war, kehrte er gern ein bei Lazarus, Maria und Marta. Nach Kafarnaum in Galiläa war Betanien so etwas wie seine „zweite Heimat", dort konnte der Sohn Gottes ganz Mensch sein. In Betanien erfuhr er, was Leben und Liebe ist. Dort wird Jesus konfrontiert mit dem, was

Menschsein ausmacht. Er scheint sich nicht unwohl gefühlt zu haben.

Wo gelebt wird und geliebt, darf man das Sterben nicht verschweigen. Bei Betanien liegt auch das Grab des Lazarus. Die Christen haben dort eine Kapelle errichtet, später wurde daraus eine Moschee. Mit Jesus und den beiden Schwestern Marta und Maria besuchen wir heute geistig das Grab des Lazarus. Zwar streicht Johannes in seinem Evangelium besonders die göttlichen Züge Jesu heraus, doch verschweigt er gerade in Betanien nicht, dass der Sohn Gottes menschliche Seiten hatte und zeigte. Für Jesus war Lazarus ein Freund. Lazarus steht nicht in der Liste der Apostel, er hatte kein Amt in der Hauskirche von Betanien. Seine Berufung war einfach: Jesu Freund zu sein. Es verwundert nicht, dass sein Tod Jesus tief erschüttert. Der die Seligpreisung von den Weinenden proklamierte, lamentiert mit den Klagenden, die um Lazarus trauern. Jesus weint mit den Weinenden. „Seht, wie lieb er ihn hatte" (Joh 11,36). Jesus teilt das Menschsein in allen Facetten. Die Grenze des Todes ist auch für ihn keine Bagatelle.

„Komm und sieh!" (Joh 11,34). Der Einladung, die an Jesus ergeht, folgen auch wir. So stehen wir mit Jesus am Grab und hören seine Stimme: „Lazarus, komm heraus!" (Joh 11,43). In diesen Tagen gilt die Parole: Bleibt daheim! Das müssen wir zum gegenseitigen Schutz! Das ist nötig, damit die Pandemie sich langsamer verbreitet! Stattdessen sagt Jesus zu Lazarus nicht: Bleib daheim, bleib drin, sondern „Komm heraus!" Jesus ruft einen Toten ins Leben zurück. Unvorstellbar! Unglaublich! Ein Wunder, das alles übertrifft, was Jesus vorher getan hat. Ging es beim ersten Zeichen auf der Hochzeit zu Kana darum, Wasser in Wein zu verwandeln, um die Festlaune nicht zu verderben, so ist das letzte und siebte Zeichen, das Wunder an Lazarus, Erfüllung und Vollendung alles Bisherigen: Es geht um

Leben und Tod, der Tod zieht den Kürzeren, Lazarus kehrt ins Leben zurück.

Wer allerdings dabei stehenbleibt, blendet das Wesentliche aus. Es geht nicht nur um unser biologisches Leben. Es geht weniger um *„bíos"*, als um *„zoè"*, nicht um die Quantität des Lebens, sondern um seine Qualität, um ein neues, unverlierbares Leben, das quer steht zur Grenze, die das körperliche Sterben setzt. Manchmal ist ein Mensch schon tot, obwohl er äußerlich atmet und das Herz im richtigen Rhythmus schlägt. Ist hier nicht etwas zu spüren von dem, was es bedeutet: tot zu sein, obgleich man biologisch am Leben ist? Das ist Sterben, mitten im Leben. Und kennen wir nicht auch, gleichsam als Umkehrung, die andere Seite: Festgefahrenes kommt in Bewegung, Sterbendes wird lebendig, Tote stehen auf?

Da lerne ich jemanden kennen, der mir etwas zutraut und mich ermutigt: Geh aus dir heraus! Du kannst es! Da ist jemand, der mit Lob nicht geizt und mir zeigt, dass ich ihm wichtig bin: Komm heraus! Ich brauche dich!

Da finde ich einen, der mich an die Hand nimmt und mir Wegbegleiter ist. Ich kann dem Leben wieder trauen, nicht in großen Sprüngen, aber mit kleinen Schritten: Komm heraus! Ich geh mit dir!

In diesen Tagen bin ich persönlich nicht nur nachdenklich; ich bin überwältigt, was wir Christen auf die Beine stellen an Hilfen und Angeboten. Vieles kommt jetzt erst heraus. Lasst die Menschen nicht allein! Als euer ernannter Bischof bin ich mächtig stolz auf euch! Es kursiert der Vorwurf: Die Kirchen sind auf Tauchstation. Da kann ich nur sagen: Weit gefehlt! Ich danke allen, die in Krankenhäusern, Seniorenheimen, Sozialstationen, Laboren und sonstigen Einrichtungen bis an ihre Belastungsgrenze gehen, um kranken und sterbenden Menschen beizustehen, Not zu lindern, Diagnosen zu stellen und mit Hochdruck an einem erlösenden Impfstoff zu arbeiten.

Ich denke auch an alle, die in Politik und Wirtschaft delikate Entscheidungen treffen müssen. Ich weiß, wie schwer das ist. Ich möchte mit ihnen nicht tauschen! Danke für die besonnenen und überlegten Schritte, die jetzt von großer Tragweite sind.

Ein Wort auch an alle, die meinen, dass wir als christliche Kirchen mehr auf das Recht und die Freiheit der Religionsausübung pochen sollten. Sicher sind wir als katholische Kirche nicht nur systemrelevant, sondern auch und vor allem heilsrelevant! So ist und bleibt für uns die Eucharistie – wie es Ignatius von Antiochien sagt – eine „Arznei der Unsterblichkeit", damit steht sie auf der Liste der Medikamente ganz oben. Aber der Staat hat die Pflicht, das Recht auf körperliche Unversehrtheit seiner Bürger zu garantieren. So steht es im Grundgesetz Art. 2. Denn der Staat ist eben nicht nur für katholische Christen da, sondern für alle Bürger.

Dies bitte ich zu verstehen und in dieser „Fastenzeit im Ernstfall" die geistige Kommunion zu vollziehen. Ich wünsche mir, dass Sie diese Notlösung nicht nur als Kröte schlucken, sondern im Herzen annehmen. Vor allem hoffe ich, dass wir nach der Krise nicht wieder zur Tagesordnung übergehen, sondern die Sehnsucht wach bleibt nach der leibhaftigen Gemeinschaft im Gottesdienst und nach dem Brot des Lebens in der hl. Eucharistie.

Doch kehren wir zum Evangelium zurück: „Komm heraus!" Damit ruft Jesus Lazarus ins Leben zurück. So beginnt Auferstehung, Aufstehen zum Leben, Herausgehen aus uns selbst, aus den Gräbern, die wir uns geschaufelt haben, obwohl wir eigentlich mitten im Leben stehen. Wenn man die Jahreskrippe an der Pforte des Klosters Maria Stern in Augsburg betrachtet, die gerade die Szene von Lazarus in Betanien zeigt, dann fällt ein interessantes Detail auf: An der Auferweckung des Lazarus sind zwei Männer beteiligt, die für das Wunder bedeutsam sind. Einer löst die Binden am Fuß, der andere macht sich am Kopf zu schaffen, um das Gesicht des Lazarus freizulegen. Lazarus lebt wieder, aber er ist noch nicht frei. Er ist eingebunden, gefesselt, so dass er erst wieder laufen lernen muss. Sein Gesicht ist verhüllt, versteckt hinter Masken und Rollen, die es täglich zu spielen gilt. Die Auferweckung ist erst abgeschlossen, als Lazarus von seinen Binden erlöst und von seiner Maske befreit ist. Erst dann kann er wieder selbst stehen und gehen und die Welt mit neuen Augen sehen. Ist das nicht ein schönes Bild, was unser Dienst füreinander ist? Gott braucht uns als Geburtshelfer des Lebens: Er braucht keine Maskenbildner, sondern Bindenlöser, Menschen, die einander helfen, dass Fesseln gelöst werden und Masken fallen, damit wir uns mit offenen Augen anschauen und ehrlich begegnen können. Wir brauchen uns nicht einwickeln in schöne Formeln und Floskeln – das können wir als Kirchenleute gut! –, wir sollten einander behutsam auswickeln, damit das wahre Gesicht zum Vorschein kommt.

„Komm und sieh!" so werden wir ans Grab des Lazarus gebeten. „Kommt und seht!" (Joh 1,39). Damit hat Jesus die Menschen eingeladen, die sich für ein Leben mit ihm interessierten. „Kommt und seht!" Das ist das Angebot, das die Kirche den Menschen macht. Und dieses Angebot steht auch heute. Die Kirchen haben nicht geschlossen, sie sind und bleiben offen! Wenn wir in die Kirche gehen, dann ist das kein Gräberbesuch, sondern die Einladung in ein Haus, wo gelebt wird und geliebt, aber auch gestorben und auferweckt. Ein Ort, der wie Betanien ist, wo Jesus gern Quartier genommen hat.

Maria, Marta und Lazarus haben immer wieder nach Jesus geschaut.

Im Schauen auf Jesus, im Anschauen seines Gesichtes, wird sich unser Leben wandeln. Wenn wir noch mehr auf Christus schauen und weniger auf uns, bekommt unser Leben – persönlich und gemeinschaftlich – ein neues, sympathisches, einladendes Gesicht. Der Theologe Wassili Rosanow schreibt: „Das abendländische Christentum ging an dem, was an Christus die Hauptsache ist, völlig vorüber. Es akzeptierte seine Worte, bemerkte aber sein Antlitz nicht. Nur dem Osten war es gegeben, das Antlitz Christi aufzunehmen. Und der Osten sah, dass es von unendlicher Schönheit und Traurigkeit war."[1]

Jesus Christus, voll unendlicher Schönheit und Traurigkeit, Bild der Liebe Gottes, die keine Angst hat vor dem Tod, damit wir durch ihn leben. Geheimnis des Glaubens!

---

1 Wassili Rosanow, Das dunkle Antlitz Christi, zit. n. Botho Strauß, Die Fehler des Kopisten, München 1997, S. 181.

VIDEO
https://www.youtube.com/watch?v=0kcnqIQ91Oc

Aus dem heiligen Evangelium nach Matthäus (Mt 21,1–11)

Als sich Jesus mit seinen Begleitern Jerusalem näherte und nach Bétfage am Ölberg kam, schickte er zwei Jünger aus und sagte zu ihnen: Geht in das Dorf, das vor euch liegt; dort werdet ihr eine Eselin angebunden finden und ein Fohlen bei ihr. Bindet sie los und bringt sie zu mir! Und wenn euch jemand zur Rede stellt, dann sagt: Der Herr braucht sie, er lässt sie aber bald zurückbringen.

Das ist geschehen, damit sich erfüllte, was durch den Propheten gesagt worden ist:

Sagt der Tochter Zion: Siehe, dein König kommt zu dir. Er ist sanftmütig und er reitet auf einer Eselin und auf einem Fohlen, dem Jungen eines Lasttiers.

Die Jünger gingen und taten, wie Jesus ihnen aufgetragen hatte. Sie brachten die Eselin und das Fohlen, legten ihre Kleider auf sie und er setzte sich darauf. Viele Menschen breiteten ihre Kleider auf dem Weg aus, andere schnitten Zweige von den Bäumen und streuten sie auf den Weg.

Die Leute aber, die vor ihm hergingen und die ihm nachfolgten, riefen:

Hosanna dem Sohn Davids! Gesegnet sei er, der kommt im Namen des Herrn. Hosanna in der Höhe!

Als er in Jerusalem einzog, erbebte die ganze Stadt und man fragte: Wer ist dieser? Die Leute sagten: Das ist der Prophet Jesus von Nazaret in Galiläa.

Palmsonntag im Zeichen von Corona: ein Drama um Leben und Tod

Predigt am Palmsonntag 2020

„Als Jesus in Jerusalem einzog, geriet die ganze Stadt in Bewegung." So hat der Evangelist die heutige Szene kommentiert (Mt 21,10). Im Rückblick wissen wir, wohin diese Bewegung führte: vom „Hosanna" zum „Kreuzige ihn!", vom „Bad in der Menge" zur „Hetze der Masse". Der Bogen der Erniedrigung, der bei der Krippe seinen Anfang nahm, spannt sich aus nach Golgotha, wo das Kreuz steht. Golgotha liegt nicht nur in Jerusalem. Golgotha ist nah – nah bei uns. Und das Kreuz heißt Corona.

Jesus Christus ist nicht zu haben ohne das Kreuz. Die Prozession muss heuer ausfallen, aber das Kreuz bleibt, was es ist: Wegweiser durch die Heilige Woche. Heute ist es geschmückt zum Zeichen, dass am Kreuz nicht so sehr der Tod als vielmehr das Leben hängt. Wie wir zum Kreuz stehen, davon hängt unsere Einstellung zum Leben ab. Wenn Jesus und mit ihm das Kreuz bei uns Einzug hält, gerät unser ganzes Leben in Bewegung. Ja, wir sind in Bewegung. Obwohl wir derzeit daheim bleiben müssen, wenngleich unsere Mobilität eingeschränkt ist, innen im Herzen bewegt sich was. Selbst Menschen, die mit Gott sonst „nicht viel am Hut haben", sind in Bewegung, äußern Zweifel, stellen Fragen – wohin der Weg geht, ist offen.

Damals wie heute dasselbe Bild: keine einmütige Menge, sondern sehr verschiedene Menschen. Es gab Zuschauer, Mitläufer, Begleiter. Wo stehen wir? Das ist die Frage.

Sind wir Zuschauer?

Die Heilige Woche erwartet schauende, hörende, stille Menschen. Die Palmbuschen, die Lesungen von der Passion, die Feier des Abendmahls, die Gebetswache bis zu den Stationen des Kreuzwegs, schließlich Osternacht und Ostermorgen: Der Spannung dieser Tage werden wir nur verweilend gerecht. Hat es bei mir schon einmal richtig geknistert und geprickelt – nicht nur im Magnetfeld eines Menschen, sondern aus Liebe zu Christus? Schon damals haben viele Leute gar nicht richtig mitbekommen, was da eigentlich vor sich ging. Diese Karwoche – fast 2000 Jahre danach – ist ganz anders. Wir können sagen: Diese Woche ist eine Neuauflage von damals. Sie betrifft uns – immer mehr! Dass ein Pastoralreferent schwer erkrankt und ein befreundeter Priester diese Woche an Corona verstorben ist, lässt mich nicht kalt. Da kann ich nicht nur zuschauen wie bei einem spannenden Krimi. Es ist ein Drama um Leben und Tod. In der Krise liegt die Chance. Ostern 2020 steht nicht nur im Kalender. Ostern provoziert. Erhebt euch aus den Zuschauersesseln! Geht den Kreuzweg mit!

Sind wir Mitläufer?

Am Palmsonntag gab es Mitläufer: „Da tut sich was! Das möchte ich mir nicht entgehen lassen. Man muss doch mitreden können. Dabei sein ist alles", ob Sportarena oder Love-Parade – momentan alles gestoppt. Schon zur Zeit Jesu waren die Leute angesteckt von der Sensation des Friedenskönigs. Aus einem kleinen Jesus-Fanclub wurden Massen mobilisiert – momentan alles nicht möglich.

Die Frage bleibt: Was war das Hosanna der Menschen wert? Eine Eintagsfliege! Denn nicht nur Begeisterung ist ansteckend, auch Hass und Fanatismus. Noch in der gleichen Woche wechselt die Menge den Slogan. Am Karfreitag heißt es: „Ans Kreuz mit ihm" (Joh 19,6). Mit dieser Parole, ausgegeben von wenigen, aber aufgenommen von der Menge, wird Jesus zum Tod verurteilt, noch ehe ein Richter gesprochen hat. Die Lautstärke der Mehrheit entscheidet über die Wahrheit.

Gibt es nicht auch bei uns viel Mitläufertum? Aus Bildern und Berichten erfahren wir von Aufmärschen. Wir sehen und hören, wie Massen, zum großen Teil hilflose Mitläufer einem Unheilbringer „Heil" entgegenschreien und damit ganze Völker ins Verderben brüllen. Doch es gibt noch subtilere Arten von Mitläufertum: Klischees und Parolen, Gerüchte und Schlagwörter, von wenigen in die Welt gesetzt, aber von vielen gedankenlos nachgeredet und nachgeahmt. Man redet nach, was andere vorsagen. Man tut etwas, weil es die anderen auch tun. Der Mensch, dem die Freiheit so heilig ist, taucht in der Masse unter und überlässt das Denken anderen: „Inkarnation" der öffentlichen Meinung!

Doch die Wahrheit ist verschieden vom Schlagwort. Sie lässt sich weder ertrampeln noch erkämpfen. Die Wahrheit bestimmen weder Massenmode noch Meinungstrend. Selbst wenn Worte auf sie einschlagen, töten können sie die Wahrheit nicht. „Christ, erkenne deine Würde!", hat Papst Leo der Große gesagt. Es ist unter unserer Würde, in der Kirche nur mitzulaufen – weil es noch immer ganz schick ist, weil man sich in der Menge wohlfühlt und nicht auffällt. Jesus braucht keine Mitläufer, er schafft es allein. Er will Menschen, die seinen Spuren folgen.

Sind wir Begleiter?

Treue Begleiter sind wertvoll und kostbar. Glücklich, wer um einen solchen Begleiter weiß! Es steht mir nicht zu, den Stab über die Apostel zu brechen. Der Freundeskreis hatte drei „Vorwarnungen" erhalten: Der Menschensohn muss leiden und sterben, aber am dritten Tag wird er auferstehen (vgl. Mt 16,21). Ich hätte mir die Freunde besser vorbereitet gewünscht. Petrus hat zwar heftig protestiert, doch später will er seinen besten Freund nicht mehr kennen. Was ist eine solche Freundschaft wert? Aber noch hält er zu ihm und mit ihm die Mehrheit der Zwölf – außer dem, der sich als Verräter entpuppt: Die Lippen drückt er im Kuss auf den Mund Jesu. Welche Begegnung zwischen Freunden! Noch begleiten die anderen den, der als angeblicher Gotteslästerer gesucht wird. Am Ende aber „verlassen ihn alle Jünger und fliehen" (vgl. Mt 26,56).

Ein Sprichwort sagt: Ein Ganzer ist mehr als zwanzig Halbe. Ein ganzer Freund ist mehr als zwanzig halbe. Wie oft geben wir uns mit der Hälfte zufrieden? Nicht nur bei der „halben Portion" im Restaurant, sondern auch bei der Freundschaft, Partnerschaft und Treue? Die Heilige Woche ist eine Gelegenheit, unsere Halbheiten und Halbherzigkeiten wieder „ganz" zu machen. „Jesus braucht keine Teilzeitkatholiken, sondern Vollblutchristen" (Johannes Paul II.). Markus Söder, der bayerische Ministerpräsident, sagte unlängst: Corona ist ein Charaktertest. Welch wahres Wort aus dem Mund eines Politikers: Corona als Charaktertest. Gerade jetzt merken wir, auf wen wir uns verlassen können und auf wen nicht, wer menschlich Substanz hat und wer nur oberflächlich mitgeschwommen ist. Keiner kann ein halbes Herz schenken. Wenn jemand ein halbes Herz zu verschenken hat, kann es höchstens ein Schokoladenherz sein.

Der Herr aber möchte unser Herz aus Fleisch und Blut – ganz. „Jesus, bilde unser Herz nach deinem Herzen." Wir feiern mit, nicht als Zuschauer oder Mitläufer. Heute am Palmsonntag versprechen wir dir: Wir wollen dich begleiten auf dem Weg zum Kreuz ins neue Leben. Amen.

VIDEO
https://www.youtube.com/watch?v=qpGLyGNXvbY

Auszug aus dem heiligen Evangelium nach Johannes
(Joh 13,1–15)

Es war vor dem Paschafest. Jesus wusste, dass seine Stunde gekommen war, um aus dieser Welt zum Vater hinüberzugehen.
Da er die Seinen liebte, die in der Welt waren, liebte er sie bis
zur Vollendung.

Jesus, der wusste, dass ihm der Vater alles in die Hand gegeben
hatte und dass er von Gott gekommen war und zu Gott zurück-
kehrte, stand vom Mahl auf, legte sein Gewand ab und umgür-
tete sich mit einem Leinentuch. Dann goss er Wasser in eine
Schüssel und begann, den Jüngern die Füße zu waschen und
mit dem Leinentuch abzutrocknen, mit dem er umgürtet war.

Als er zu Simon Petrus kam, sagte dieser zu ihm: Du, Herr, willst
mir die Füße waschen? Jesus sagte zu ihm: Was ich tue, ver-
stehst du jetzt noch nicht; doch später wirst du es begreifen. Petrus entgegnete ihm: Niemals sollst du mir die Füße waschen!
Jesus erwiderte ihm: Wenn ich dich nicht wasche, hast du keinen Anteil an mir. Da sagte Simon Petrus zu ihm: Herr, dann
nicht nur meine Füße, sondern auch die Hände und das Haupt.

Als er ihnen die Füße gewaschen, sein Gewand wieder angelegt
und Platz genommen hatte, sagte er zu ihnen: Begreift ihr, was
ich an euch getan habe? Ihr sagt zu mir Meister und Herr und
ihr nennt mich mit Recht so; denn ich bin es. Wenn nun ich, der
Herr und Meister, euch die Füße gewaschen habe, dann müsst
auch ihr einander die Füße waschen. Ich habe euch ein Beispiel
gegeben, damit auch ihr so handelt, wie ich an euch gehandelt
habe.

Die Stunde der Testamentseröffnung

Predigt am Gründonnerstag 2020

„Jesus wusste, dass seine Stunde gekommen war" (Joh 13,1). Wenn jemand spürt, dass seine Stunde kommt, um für immer Abschied zu nehmen, dann lässt er seine Familie und seine Freunde noch einmal zusammenrufen. Und in dieser Stunde versucht er, den Menschen seines Vertrauens in aller Dichte noch einmal das mitzuteilen, was ihm selbst im Leben wichtig und wesentlich war. Die Stunde des Abschieds – eine Stunde des Dankes und der Wertschätzung, aber immer auch eine Stunde des Schmerzes und der Zerbrechlichkeit. Was bleibt zurück? Vielleicht ein wertvoller Gegenstand, ein Buch, ein Brief, ein Schmuckstück, ein Rosenkranz – etwas, das dem Menschen lieb und teuer war.

In diesen Wochen spüren wir, dass Normales nicht mehr geht. Ein Bruder eines am Corona-Virus verstorbenen Priesters sagte mir: „Am schlimmsten war es, dass wir als Geschwister unserem Bruder nicht mehr beistehen konnten. Er musste seine letzte Wegstrecke alleine gehen." Kein letztes Wort, kein fester Händedruck, kein Testament. „Jesus wusste, dass seine Stunde gekommen war". Heute ist sie gekommen – Seine Stunde im Abendmahlssaal. *Wir* sind es, die mit dem Herrn zusammen sind. „Als seine Stunde gekommen war, aus dieser Welt zum Vater heimzukehren" (Joh 13,1), hinterließ er seinen Freunden sein Testament. Jesu Freunde, das sind wir. „Ich nenne euch nicht mehr Knechte (und Mägde), ich nenne euch Freunde." Die heutige Stunde – eine Stunde des Abschieds: kein Abschied mit leeren Händen, ein Abschied mit vollen Herzen: die Stunde einer Testamentseröffnung. „Tut dies zu meinem Gedächtnis."

Dieser Auftrag Jesu hallt auch heute wieder, selbst wenn wir darauf verzichten müssen, leibhaft zu kommunizieren. Senioren, die zum Teil Krieg, Vertreibung und Flucht miterlebt haben, erzählen mir, wie sie oft monatelang auf eine hl. Messe verzichten mussten und trotzdem Kraft und Trost schöpften aus der Frohen Botschaft. Da kann man nur den Hut ziehen: Chapeau!

Heute Abend wird das Neue Testament eröffnet, und ich versichere Ihnen: Keiner wird leer ausgehen. Jeder ist zum Erben bestellt. Doch das Testament fordert mutige Erben, keine Nachlassverwalter, sondern Zukunftsbereiter. Wie ist das zu verstehen?

Wir haben soeben das Evangelium von der Fußwaschung gehört. Es war damals Sklavendienst, dem andern die Füße zu waschen. Jesus hat den Mut, diese Ordnung umzukehren. Das Sich-Beugen zum Sklavendienst ist Zeichen seiner Freiheit. Dies ist das Erste in Jesu Testament: Mut zum Dienen.

„Wie stehst du zu ihr oder ihm?" So fragen wir einander. Dabei spielen die Positionen eine wichtige Rolle. Wo stehst du: Höher? Tiefer? Auf gleicher Ebene? Bist du Kaplan oder Pfarrer, Professor oder Domkapitular, Monsignore oder Prälat, Bischof oder gar Kardinal? Diese Frage lässt sich auch auf andere Bereiche übertragen: Wir tragen – beim kleinsten Titel – nicht nur den Kopf hoch, sondern auch die Nase. Und Hochnäsige waschen den anderen lieber den Kopf als die Füße.

Jesus hatte Mut zum Dienen. Er ist heruntergestiegen, auf die unterste Stufe. Er bückt sich tief nach unten, tiefer als die Jünger stehen oder sitzen. Es ist die wehrlose Liebe Gottes, die das tut. Die Liebe lässt sich nicht gnädig herab, sie ist schon unten. Wohlgemerkt: Es geht um die nackten Füße, nicht etwa um das feine Schuhwerk. Schuhe putzen – das ist schon allerhand.

Wer lässt sich schon gern zum Stiefelputzer machen? Doch hier sind es nicht nur die Schuhe, sondern die Füße, mit denen wir auf der Erde stehen, die dreckig sind und stinken. Man muss sich bücken, wenn man sie waschen will, sehr tief, bis auf den Boden. Das ist peinlich, das fällt aus dem Rahmen.

Jesus hat nicht den ersten, sondern den letzten Platz gewählt, und das nicht nur auf Zeit! Der letzte Platz ist *der* Platz seines Lebens. Jesus lässt das Unterste und Niedrigste nicht unerledigt. Er ist sich für nichts zu schade. Sein Mut zum Dienen geht bis zum Kreuz. Danke an alle, die sich mühen, diesen „Dienstweg Jesu" nachzugehen! Durch ihren Dienst bauen und tragen sie die soziale und die kirchliche Gemeinschaft. In dieser Krise, die wir gerade durchleiden, wird das sichtbar: Wer seinen Platz bei den Kranken, Leidenden und Sterbenden weiß, ist auf dem „Dienstweg Jesu"!

Dabei geht es nicht nur um eine wertvolle Sache, um die „Sache Jesu", wie es im Lied heißt, es geht um Jesus selbst. In seinem Testament gibt er nicht nur *etwas* von sich, ein Andenken, ein gutes Wort. Er setzt sich selbst aufs Spiel in unseren Händen. Wir haben Jesus in der Hand, im wahrsten Sinn des Wortes: Das Brot – es ist mein Leib für euch. Das ist der neue Bund in meinem Blut (vgl. 1 Kor 11,24 f.). „Eine größere Liebe hat niemand, als wer sein Leben hingibt für seine Freunde" (Joh 15,13).

Sich hingeben an einen Menschen, an Gott: Wie leicht ist es dahingesagt! Wie schnell reden wir von der Freundschaft Jesu, aus der dann der Auftrag erwächst, Jünger zu „machen", wie wir das in kirchlichen Kreisen oft hören. Doch wir „machen" keine Jünger; Jesus ist es, der in seinen Freundeskreis, in die Jüngerschaft ruft. Das einzige, was wir tun können, ist: Jesus beim Rufen helfen; dazu beitragen, dass die Menschen ihre

Antennen ausfahren, um Jesu Ruf besser und aufmerksamer zu hören. Darin liegt die Chance in dieser Zeit, die uns auch zur Ruhe und Stille zwingt.

Noch etwas gehört zur Stunde Jesu, in sein Testament. Vom Abendmahlssaal führt der Weg zum Ölberg. Getsemani (aramäisch) heißt übersetzt: die Ölpresse. In Getsemani steht Jesus am Ort der Kelter. Dort ringt er mit sich, was denn der Wille des Vaters sei. Er kommt ins Schwitzen, wie wir, wenn wir an unsere Ölbergstunden denken: „Vater, rette mich aus dieser Stunde!" In Getsemani ereignet sich noch etwas: Jesu Stunde wird zur Stunde der Kirche. Und gerade als ihre Stunde kommt, schläft die Kirche ein: Petrus, der Erste, das Amt; Johannes, der Nächste, der Lieblingsjünger, und Jakobus, der Treue, der sich so sehr darum mühte, dass die jüdische Tradition gewahrt blieb. Die Kirche der ersten Stunde ist eingeschlafen: „Konntet ihr nicht einmal eine Stunde mit mir wachen?"

Der Herr soll uns nicht schlafend antreffen. Auch heute, unter diesen besonderen Umständen, wollen wir mit ihm wachen und beten. Es wäre schön, wenn sich der eine oder andere von Ihnen noch ein wenig Zeit nehmen könnte, um zu bleiben, um wachend bei ihm zu sein, einfach da zu sein *mit* ihm und *für* ihn – als Zeichen der Treue. Das kann man übrigens auch im Wohnzimmer oder im Herrgottswinkel tun.

Viele tragen einen Ring der Treue: einen Ehering oder Professring, manche einen Bischofsring. Vielleicht auch ich irgendwann. Es ist bezeichnend, dass die italienische Sprache dasselbe Wort gebraucht für den Ring der Treue und den Glauben: *la fede.* Das schlägt die Brücke zu einem eindrucksvollen Symbol göttlicher und menschlicher Treue, das der Künstler Egino Weinert geschaffen hat. Aus 200 Professringen verstorbener Ordensschwestern gestaltete er eine kleine Monstranz. Jeder

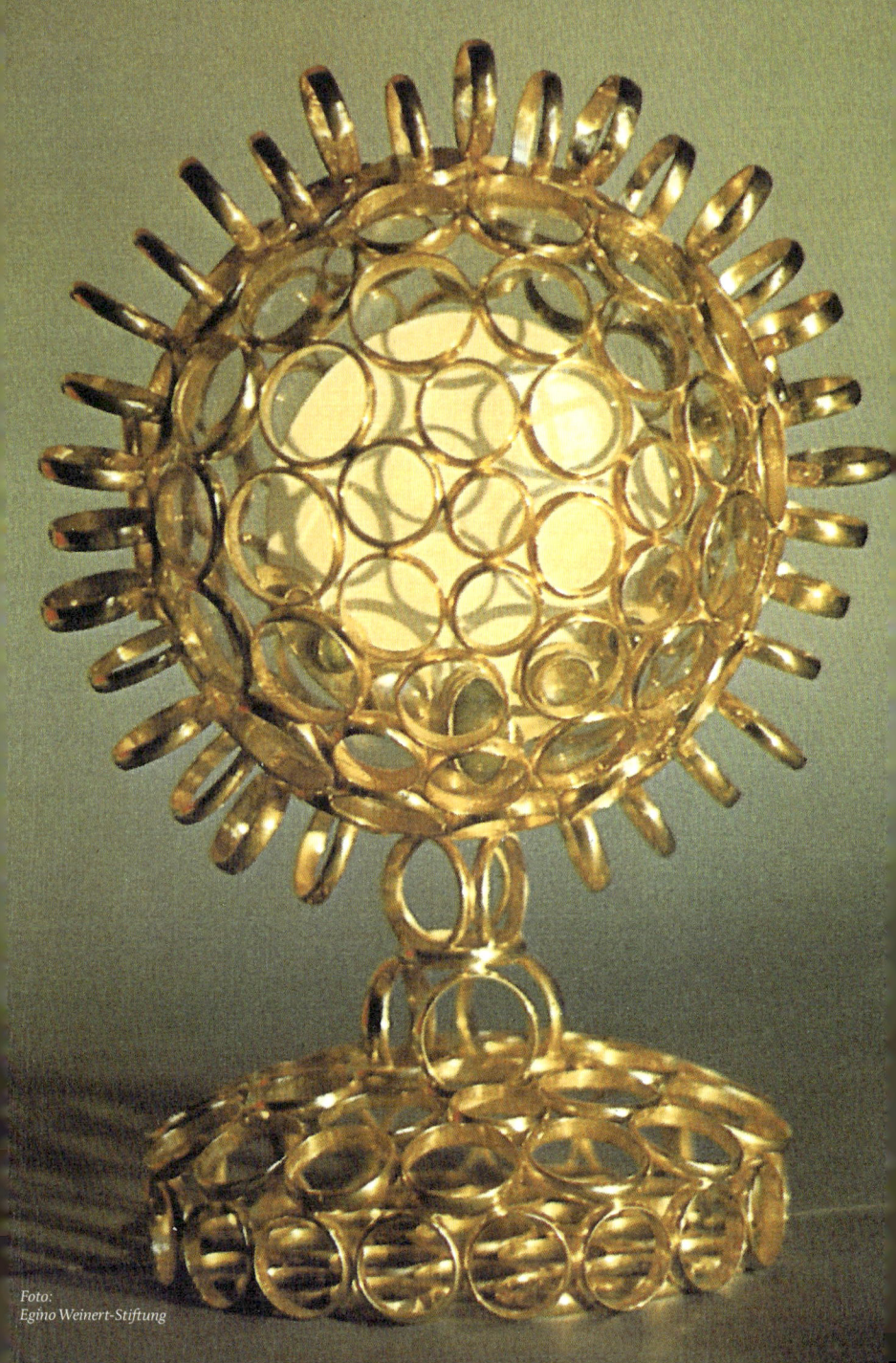

einzelne Ring ist ein Hinweis auf das lebenslange Bemühen eines Menschen, Christus treu zu sein. Jeder einzelne Ring weist aber auch hin auf die Nahrung dieser Treue: das Brot des Lebens, Jesus Christus selbst, der den Mut hatte, sich ganz hinzugeben.

Ein Zeichen der Hingabe können auch wir setzen, obwohl wir augenblicklich damit leben müssen, nur geistig zu kommunizieren. Denn es geht ja nicht nur um das Schaugefäß aus Edelstein und Gold, das die Hostie birgt. Es geht darum, dass unser ganzes Leben immer mehr zu einer Monstranz dafür wird, dass Jesus in unserer Welt gegenwärtig ist. Ihr seid meine Freunde, sagt Jesus uns an diesem Abend, in dieser Stunde, die seine Stunde ist: die Stunde des Testaments, seine Stunde für uns. Machen wir unser Herz weit, damit es auch unsere Stunde wird für ihn. Amen

VIDEO
https://www.youtube.com/watch?v=xRwnvmv04kU

Aus dem heiligen Evangelium nach Johannes (Joh 19,25–30)

In jener Zeit standen bei dem Kreuze Jesu seine Mutter und die Schwester seiner Mutter, Maria, die Frau des Klopas, und Maria von Mágdala. Als Jesus die Mutter sah und bei ihr den Jünger, den er liebte, sagte er zur Mutter: Frau, siehe, dein Sohn! Dann sagte er zu dem Jünger: Siehe, deine Mutter! Und von jener Stunde an nahm sie der Jünger zu sich.

Danach, da Jesus wusste, dass nun alles vollbracht war, sagte er, damit sich die Schrift erfüllte: Mich dürstet. Ein Gefäß voll Essig stand da. Sie steckten einen Schwamm voll Essig auf einen Ysopzweig und hielten ihn an seinen Mund. Als Jesus von dem Essig genommen hatte, sprach er: Es ist vollbracht! Und er neigte das Haupt und übergab den Geist.

STÄRKER ALS DAS LEID IST DIE LIEBE

Predigt am Karfreitag 2020

„Gott hat die Welt so sehr geliebt, dass er seinen einzigen Sohn hingab" (Joh 3,16). Es gibt Momente, da geht es mir schlecht. Ich fühle mich alleine, unverstanden, enttäuscht. Keiner scheint Anteil zu nehmen an dem, was mich bedrückt, was mir Sorgen macht, was mir schwerfällt. Aber ich muss doch gut dastehen vor den anderen, und so versuche ich, es dem Münchhausen nachzumachen und mich „am eigenen Schopf aus dem Sumpf zu ziehen". Doch ein solcher Versuch scheitert kläglich.

Da kann die Angst aufkommen, tatsächlich ganz alleine zu sein, wirklich niemanden zu haben. Eine lähmende Angst, die das Herz schwermacht. Aber gerade in solch schwierigen Momenten habe ich erfahren, welche Freude und welches Glück es bedeutet, dass es die anderen gibt, Freunde, Menschen, die es gut mit mir meinen, die für mich da sind, denen ich erzählen kann und die mir zuhören, die mich aufrichten, die nicht nur die Glanzpunkte, sondern auch die Schattenseiten meines Lebens kennen und mich gerade so annehmen. Dass mir das geschenkt wird, lässt mich erkennen: Leichter wäre es, nichts zu haben, als niemanden zu haben.

Die Nähe, das Verständnis, die Güte und Liebe, die Menschen einander schenken, können uns die Nähe dessen spüren und erfahren lassen, der uns annimmt und aufrichtet, der zu uns sagt: „Eine größere Liebe hat niemand, als wer sein Leben hingibt für seine Freunde" (Joh 15,13), eines Menschen, der das nicht nur sagt, sondern es lebt.

Als Jesus den Tod auf sich zukommen sieht, als er beim jubeln-
den Hosanna schon das verhetzte „Weg, ans Kreuz mit ihm!"
ahnt, da spricht er in den Abschiedsreden an die Jünger oft von
seinen Freunden. Wer sind die Freunde Jesu?

Die Antwort kann unterschiedlich ausfallen:

- die Jünger, Petrus, Johannes und die anderen,

- die Menschen, die er geheilt hat,

- die Sünder und Zöllner, die seine Liebe spüren und durch ihn An-
  nahme und Verzeihung erfahren, und dann die vielen anderen.

Manchmal während seines Lebens scheint Jesus von ganzen
Scharen von Freunden umgeben. Alles drängt sich um ihn und
sucht seine Nähe. Aber als es ihm „an den Kragen geht", als die
Lage brenzlig wird und das Zu-ihm-Gehören etwas kostet, un-
ter Umständen sogar das Leben, da lichten sich die Reihen der
Freunde.

Und was tut Jesus?
Als er im Garten Getsemani dem begegnet, der ihn gerade für
Geld verraten hat, da rechnet er nicht noch schnell mit ihm ab.
Jesus macht Judas nicht „fertig". Er nennt ihn Freund. „Freund,
dazu bist du gekommen?" (Mt 26,5), sagt Jesus zu Judas nach
dem verräterischen Kuss. Das ist keine Ironie, keine getarnte
Verbitterung, das ist Jesus, wie er leibt und lebt.

„Eine größere Liebe hat niemand, als wer sein Leben hingibt für
seine Freunde."
Den wahren Freund erkennt man in der Not, sagen wir. Was für
Jesus Freundschaft und Liebe heißt, erkennen wir am Kreuz.

Er macht keinen Bogen um unser Elend, unsere Angst, unsere
Armseligkeit und Sterblichkeit. Wohin wir selbst den geliebtes-
ten Menschen alleine den Weg gehen lassen müssen, da ist uns

Jesus vorangegangen und hat uns durch sein Sterben die letzte Einsamkeit genommen. Er ist für uns gestorben, damit wir im kleinen und großen Sterben des Alltags nicht alleine bleiben. Das soll auch denen Trost sein, die darüber klagen oder sich sogar selbst Vorwürfe machen, wenn sie einen guten Freund oder Verwandten in der Intensivstation oder beim Sterben alleine lassen müssen. Jesus ist da – und Jesus bleibt da. Der Schmerzensmann mit Dornenkrone ist stärker als Corona!

Deshalb soll keiner mehr sagen müssen: Ich habe niemand. Er ist für uns gestorben, damit wir mit ihm und bei ihm ewig leben; damit unser Leben miteinander die Tiefe des göttlichen Lebens gewinnt; damit wir erkennen, wo Freundschaft und Liebe ihr göttliches Maß und Ziel haben. „Eine größere Liebe hat niemand, als wer sein Leben hingibt für seine Freunde." Das feiern wir heute am Karfreitag. Ihr seid meine Freunde, sagt uns Christus am Kreuz, jetzt in dieser Stunde, die seine große Stunde ist. Seine Stunde für uns. Machen wir unser Herz weit, damit es auch unsere Stunde wird für ihn.

Eines dürfen wir nicht bagatellisieren; in diesem Jahr wird es uns besonders bewusst: Es gibt so viele Gekreuzigte auf dem Weg zu dem Einen – in der großen und kleinen Welt, in unseren Familien, im Freundeskreis, in den Klöstern und Gemeinden. Wir spüren unsere Ohnmacht und fühlen uns wie die klagenden Frauen, die den Kreuzweg Jesu säumten, aber nichts tun konnten. So ist es auch für uns Christen schwer, das Leid, das die eigenen Pläne jäh durchkreuzt, anzunehmen und zu tragen. Noch schwerer fällt es, diesen Kreuzen einen Sinn abzugewinnen. Wenn ich mir solche Gedanken mache, dann erinnere ich mich an meine Zeit am Germanicum. Wir Studenten schenkten unserem Spiritual – einem Jesuiten – eine Kletterpflanze zum Geburtstag. Er stellte sie auf das Fenstersims in den Herrgottswinkel, und mit der Zeit fing die Pflanze gleichsam zu predigen an: Nach und nach rankte sie sich am Kreuz empor. „Wachsen können" am Kreuz, das ist die Predigt der Kletterpflanze – ein Bild für unser Leben, das dem Kreuz Corona nicht ausweichen kann. Wir werden unser Kreuz nicht immer stolz auf der Brust tragen oder es uns ans Revers stecken, sehr oft müssen wir es auf dem Rücken schleppen und schleifen. Was das heißt, spricht ein Gebet aus, das in New York, einer der zur Zeit am meisten gepeinigten Städte, im Wartesaal eines Krankenhauses zu lesen ist:

Herr, ich habe dich um Kraft gebeten, um Erfolg zu haben;
du hast mich schwach werden lassen, damit ich gehorchen lerne.
Ich habe dich um Gesundheit gebeten, um große Dinge zu tun;
ich habe die Krankheit erhalten, um Besseres zu erledigen.
Ich habe dich um Reichtum gebeten, um glücklich zu sein;
ich habe die Armut erhalten, um weise zu werden.
Ich habe dich um Macht gebeten, um von den Menschen geschätzt zu werden;
ich habe die Ohnmacht erhalten, um Verlangen nach dir zu verspüren.
Ich habe dich um Freundschaft gebeten, um nicht alleine leben zu müssen;
du hast mir ein Herz gegeben, um all meine Brüder und Schwestern zu lieben …

Ich habe nichts erlangt von dem, was ich erbeten hatte;
ich habe alles erlangt, was ich erhofft hatte.
Fast gegen meinen Willen sind meine ungesagten Gebete erhört worden.
Ich bin der am reichsten Beschenkte unter allen Menschen.
Gekreuzigter Herr Jesus Christus, ich danke dir. Amen.

VIDEO
https://www.youtube.com/watch?v=1hI2nAx4lks

Aus dem heiligen Evangelium nach Matthäus (Mt 28,1–10)

Nach dem Sabbat, beim Anbruch des ersten Tages der Woche, kamen Maria aus Magdala und die andere Maria, um nach dem Grab zu sehen.

Und siehe, es geschah ein gewaltiges Erdbeben; denn ein Engel des Herrn kam vom Himmel herab, trat an das Grab, wälzte den Stein weg und setzte sich darauf. Sein Aussehen war wie ein Blitz und sein Gewand weiß wie Schnee. Aus Furcht vor ihm erbebten die Wächter und waren wie tot.

Der Engel aber sagte zu den Frauen:

Fürchtet euch nicht! Ich weiß, ihr sucht Jesus, den Gekreuzigten. Er ist nicht hier; denn er ist auferstanden, wie er gesagt hat. Kommt her und seht euch den Ort an, wo er lag! Dann geht schnell zu seinen Jüngern und sagt ihnen: Er ist von den Toten auferstanden und siehe, er geht euch voraus nach Galiäa, dort werdet ihr ihn sehen. Siehe, ich habe es euch gesagt.

Sogleich verließen sie das Grab voll Furcht und großer Freude und sie eilten zu seinen Jüngern, um ihnen die Botschaft zu verkünden.

Und siehe, Jesus kam ihnen entgegen und sagte: Seid gegrüßt! Sie gingen auf ihn zu, warfen sich vor ihm nieder und umfassten seine Füße.

Da sagte Jesus zu ihnen: Fürchtet euch nicht! Geht und sagt meinen Brüdern, sie sollen nach Galiläa gehen und dort werden sie mich sehen.

Ostern ist eine Mutation: Jesu Leichnam ist weg, der Leib Christi ist da

Predigt in der Osternacht 2020

Unerhört! Wir singen Halleluja, doch Matthäus berichtet: „Sogleich verließen die Frauen das Grab voll Furcht" (Mt 28,8). Noch drastischer lesen wir bei Markus: „Da verließen sie das Grab und flohen; denn Schrecken und Entsetzen hatten sie gepackt. Und sie sagten niemand etwas davon; denn sie fürchteten sich" (Mk 16,8).

Ostern beginnt nicht mit Halleluja, sondern mit einem Verlust, der Angst und Schrecken einjagt. Jesu Leichnam ist weg. Die Frauen haben gesehen, wo und wie der reiche Pharisäer Josef von Arimathäa den toten Jesus bestattet hat. Sie kannten das Felsengrab, die Tücher, den Stein. Das alles haben sie beobachtet. Es hat sie geprägt und tiefe Spuren in ihnen hinterlassen. Am Ostermorgen ist alles noch da: das Felsengrab, die Tücher, der Stein. Aber der Leichnam fehlt.

Das Erschütternde dieses Verlustes können wir in diesen Tag besonders nachfühlen: wenn wir uns in Angehörige versetzen, die einen lieben Menschen verlieren, ohne zu erfahren, wie er die letzte Etappe seines Lebensweges gegangen ist. Wenn wir an Beerdigungen denken im kleinsten Kreis oder wenn – wie in Italien – gerade einmal ein kurzer Totensegen an aufgereihten Särgen gesprochen werden kann. Schwerer zu verdauen als Todesanzeigen sind oft Vermisstenanzeigen. Das wissen wir vom Krieg. Oder denken wir an Situationen, wenn der Körper eines Menschen für immer verschluckt wird von den Fluten eines Tsunami oder verlorengeht in den Abgründen eines Berges oder in den Tiefen des Meeres, wenn ein Flugzeug abstürzt.

Mit dem Verlust des Körpers Jesu, mit dieser erschreckenden und ernüchternden Tatsache, fängt Ostern an. Damit beginnt auch unser Osterglaube. Der Ort, das Grab, in dem der Verstorbene bestattet wurde, ist bekannt. Der Termin der Beerdigung, der Abend vor dem Sabbat, ist eindeutig bestimmbar: geographisch und chronologisch ist alles klar. Aber sein Körper, der Leichnam, ist nicht da. Wo soll er sein?

Bis heute weiß niemand, wo die Leiche Jesu geblieben ist. Der österliche Befund lautet einfach: ein leeres Grab. Das Grab ist leer. Der Engel des Herrn auf dem weggewälzten Grabstein hat zwar eine Botschaft, aber keine Auskunft darüber, wo der Leichnam Jesu geblieben ist. Er ist kein Kriminalkommissar, der nach der Leiche fahndet. Er ist höchstens Pfadfinder, der die Richtung weist: „Geht nach Galiläa! Er geht euch voraus!" (vgl. Mk 16,7). Bis heute hat sich daran nichts geändert: Jesu Leiche ist und bleibt verschwunden. Seine Anhänger sagen: Wir haben ihn gesehen und erkannt. Wir konnten mit ihm sprechen. Einer bekam sogar die Gelegenheit, ihn anzufassen. Und trotzdem: Ostern ist unfassbar, mit Händen nicht zu greifen, mit dem Verstand nicht zu begreifen. Der Auferstandene ist nicht zu fassen. Auch wenn wir das Grabtuch von Turin verehren, auch wenn es in Trier den Heiligen Rock gibt, auf dieser Erde finden wir keinen Ort, wo Jesu Körper berührbar wäre. In der Grabeskirche zu Jerusalem ist sein Leichnam ebenso wenig anzutreffen wie an sonst einer Pilgerstätte der Welt.

Der Verlust der Leiche Jesu, das leere Grab, hat viel bewirkt für den Osterglauben. Wir Christen sind keine Wallfahrer geworden, die den gekreuzigten Jesus an seinem Grab besuchen, dort Blumen und Lichter aufstellen, um getröstet wieder nach Hause zu gehen. Es gibt kein Jesus-Mausoleum. Die Frauen werden nicht eingeladen, aus dem Gartengrab eine Jesus-Gedenkstätte zu machen. Sie wäre – nebenbei gesagt – wohl bis heute ein Touristenmagnet. Stattdessen werden sie nach Hause geschickt, nach Galiläa, in ihren Alltag zurück. Sie lernen, dass es seit Ostern nicht mehr um den verlorenen irdischen Körper geht. So verstanden ist Ostern eine Mutation, ein Sprung in etwas ganz Neues hinein: Die Corona-Krise könnte der Kirche die Gewissensfrage stellen: Mutter Kirche, nimmst du Ostern ernst? Nimmst du ernst, dass mit der Auferstehung Jesu Christi die Welt eine ganz neue Ordnung bekommen hat? Und umgekehrt: Könnte es sein, dass du auch für deine Mission in der Welt diese neue „Lebensordnung" wieder ernster nehmen solltest? Was suchen die Menschen bei dir wirklich, und womit nährst du sie? Wir tun vieles als Kirche, was andere Anbieter auch machen, und vernachlässigen vielleicht das „Kernthema": Leben über den Tod hinaus, Leben in Fülle.

Der Leichnam Jesu ist weg, aber der Leib Christi ist da! Das ist mehr als das Mirakel einer wiederbelebten Leiche, wie es die Auferweckung des Lazarus zeigt. An Jesu Grab sagt der Engel: Er ist nicht hier – im körperlichen Sinn. Doch in der Kirche hören wir die Stimme des Priesters: „Nehmt, das ist mein Leib!" Das ist Ostern: Jesus lebt weiter, nicht nur in seinem Wort, in der „Idee" vom Himmelreich, sondern der Auferstandene schafft sich einen Leib, die Eucharistie. Deutlich wird dies bei den Emmausjüngern: Diskussionen um das Wort der Schrift allein reichen nicht aus, erst beim Brotbrechen erkennen sie den Herrn. Der Auferstehungsglaube braucht auch den Leib der Kirche, wie wir bei Thomas sehen: Erst im Zwölferkreis findet er zum Glauben.

Der abwesende Leichnam Jesu wird gleichsam ersetzt durch den anwesenden Leib Christi in der Eucharistie. Er ist ganz da, *realiter praesens,* wirklich anwesend. Doch damit nicht genug: Leib Christi ist mehr als ein Stück Brot für das persönliche Seelenheil. Leib Christi sind wir selbst. Der hl. Augustinus sagt:

„Wenn ihr der Leib Christi und seine Glieder seid, wird das Sakrament, das ihr selber seid, auf den Tisch des Herrn gelegt. Ihr empfangt das Sakrament, das ihr selber seid. Ihr antwortet auf das, was ihr empfangt mit ‚Amen' und ihr unterzeichnet es, indem ihr darauf antwortet. Du hörst das Wort ‚Der Leib Christi', und du antwortest: ‚Amen'. Sei also ein Glied Christi, damit dein Amen wahr sei" *(Sermo 272)*. Der Leichnam Jesu ist weg, aber der Leib Christi ist da! Wir könnten auch sagen: Die Eucharistie ist da, die Kirche ist da! Sie ist „Zeichen und Werkzeug", dass der auferstandene Christus lebt, dass er die Geschichte bewegt und inspiriert, wie es das Zweite Vatikanische Konzil ausdrückt *(Lumen gentium, 1)*.

Das ist mein Wunsch für Ostern 2020: Der eucharistische Leib bleibt den meisten von uns heuer vorenthalten. Nehmen wir dafür den kirchlichen Leib Christi umso ernster: Leib Christi, das sind wir: zwar nicht sichtbar vereint, so doch im Geist verbunden mit dem Auferstandenen und den vielen Gliedern der Kirche als Leib Christi weltweit. Die Lawine der Hilfsbereitschaft und die Kreativität der vielen, die sich in der Seelsorge gerade jetzt so engagieren, sind für mich ein Beweis dafür, dass die Kirche lebt – nicht nur als eingetragener Verein oder Körperschaft des öffentlichen Rechts, nicht nur als NGO oder soziale Einrichtung, sondern als Christi Leib mit unzähligen Gliedern. Jesus lebt! Die Kirche lebt – mit ihr auch ich! Tod, wo sind nun deine Schrecken? Das ist für mich Ostern 2020: die Chance, als Kirche die Mutation von vor 2000 Jahren mitzumachen.

Schauen wir noch auf die zweite Botschaft des Engels an Jesu Grab: „Er geht euch voraus." Der Auferstandene ist weiter als wir. Er ist uns voraus. Er hat alles, was auf uns noch wartet, schon durchschritten und überschritten. Die Abschlussprüfung des Sterbens hat er mit Bravour bestanden. Ist das nicht tröstlich? Da

geht mir einer voraus – einer, der nicht nur etwas ausprobiert, sondern ernst damit macht. Wo immer ich hingehe, wenn ich auch weggehe, der Auferstandene ist immer schon da.

Wenn ich weggehe aus einer Beziehung, mich löse von einem Menschen, ja sogar von Gott – Jesus ist immer schon da mit seiner eigenen Erfahrung am Kreuz: Mein Gott, mein Gott, warum hast du mich verlassen?

Wenn ich um meinen Arbeitsplatz bange oder um mein Geschäft, meine Existenz auf dem Spiel steht – Jesus ist da, er teilt zwar keine „Finanzspritzen" aus, aber er schenkt uns seinen Geist des Mutes und der Stärke, auch diese Krise zu meistern.

Wenn ich herausgerissen werde aus meiner Schaffenskraft und ins Krankenhaus muss – Jesus ist uns schon vorausgegangen: Er hat alle unsere Krankheiten und Leiden in seinem Kreuz auf sich genommen.

Wenn ich an einem Grabstein stehe und nachdenke über die Grenzen des eigenen Lebens, dann wird mir bewusst: Jesus ist mir auch hier voraus: Er ist schon vor mir hinabgestiegen in das Reich des Todes.

Wenn ich selbst einmal ans Sterben denken muss – auch das wird kommen und wir tun das notgedrungen in diesen Tagen –, dann finde ich hoffentlich darin Trost, dass Jesus schon weiter ist als ich: Er ist durch den Tod gegangen und lebt ganz neu. Jesu Leiche ist mutiert in den lebendigen Leib Christi – sakramental und kirchlich. Der Körper interessiert nicht mehr; Christi Leib sprengt alle Grenzen, er wartet auf mich mit dem Geschenk des ewigen Lebens.

Wohin immer es uns verschlägt, Jesus ist uns immer voraus. Der Auferstandene ist schon da und wartet auf uns. Jetzt wartet er auf uns in Galiläa, dort, wo wir leben, lieben und leiden. Ein Gedicht von Karl Gerok (1815–1890) bringt dies auf den Punkt:

Komm mit auf Galiläas Fluren,
Da zeig' ich dir ein Paradies,
Da folgen wir den heil'gen Spuren,
Die Gottes Sohn auf Erden ließ;
Da lass den Herrn uns froh begrüßen
Und küssen seines Kleides Saum
Und selig ruhn zu seinen Füßen;
Komm, Seele, mit, es ist noch Raum!

VIDEO
https://www.youtube.com/watch?v=QVolvIwKk9w

Auszug aus dem heiligen Evangelium nach Johannes
(Joh 20,1.11–18)

Am ersten Tag der Woche kam Maria von Mágdala frühmorgens, als es noch dunkel war, zum Grab und sah, dass der Stein vom Grab weggenommen war. Da lief sie schnell zu Simon Petrus und dem anderen Jünger, den Jesus liebte, und sagte zu ihnen: Sie haben den Herrn aus dem Grab weggenommen und wir wissen nicht, wohin sie ihn gelegt haben.

Maria aber stand draußen vor dem Grab und weinte. Während sie weinte, beugte sie sich in die Grabkammer hinein. Da sah sie zwei Engel in weißen Gewändern sitzen, den einen dort, wo der Kopf, den anderen dort, wo die Füße des Leichnams Jesu gelegen hatten. Diese sagten zu ihr: Frau, warum weinst du? Sie antwortete ihnen: Sie haben meinen Herrn weggenommen und ich weiß nicht, wohin sie ihn gelegt haben.

Als sie das gesagt hatte, wandte sie sich um und sah Jesus dastehen, wusste aber nicht, dass es Jesus war. Jesus sagte zu ihr: Frau, warum weinst du? Wen suchst du? Sie meinte, es sei der Gärtner, und sagte zu ihm: Herr, wenn du ihn weggebracht hast, sag mir, wohin du ihn gelegt hast! Dann will ich ihn holen.

Jesus sagte zu ihr: Maria! Da wandte sie sich um und sagte auf Hebräisch zu ihm: Rabbúni!, das heißt: Meister. Jesus sagte zu ihr: Halte mich nicht fest; denn ich bin noch nicht zum Vater hinaufgegangen. Geh aber zu meinen Brüdern und sag ihnen: Ich gehe hinauf zu meinem Vater und eurem Vater, zu meinem Gott und eurem Gott.

Maria von Mágdala kam zu den Jüngern und verkündete ihnen: Ich habe den Herrn gesehen. Und sie berichtete, was er ihr gesagt hatte.

Ostern: ein göttlicher „Schubs" für das Gartenfest des neuen Lebens

Predigt zu Ostern 2020

„Ich fühle mich wie in einem Käfig", kommentierte Papst Franziskus dieser Tage seine Situation im Vatikan. Der Hintergrund: die Corona-Krise. Doch wie mag sich der Papst auch sonst oft fühlen, wenn er umgeben ist von Kardinälen und Prälaten, die sich ihm andienen, aber vielleicht nicht immer seine Linie teilen? Ja, es ist ein einsames Ostern, nicht nur für den Papst. Seit 35 Jahren dekoriert der niederländische Florist Paul Deckers den Petersplatz und die Benediktionsloggia für den Ostersegen *Urbi et Orbi,* der Stadt und dem Erdkreis, den Päpste im frühlingsfrohen Rom den Pilgern alle Jahre spenden. Ich weiß noch, wie Papst Johannes Paul II. jedes Mal das Herz aufging, wenn der ansonsten von Stein geprägte Petersplatz plötzlich in ein Blumenmeer verwandelt wurde. Papst Franziskus hat sich letztes Jahr nach dem Segen sogar öffentlich bei Paul Deckers für die „wunderschönen Blumen" bedankt – und der mit zig-Tausenden von Pilgern gefüllte Petersplatz jubelte. Heuer ist alles ganz anders: Der Platz ist leer, statt Blumen bloß Stein und der Päpstliche Segen nur per Livestream zu haben.

Und dennoch: Ostern fällt nicht aus. Das Halleluja ist zwar leiser, aber vielleicht umso hoffnungsvoller und tiefer. Der Osterplärrer bei uns hier in Augsburg ist abgesagt, Jahrmärkte und Tänze um den Maibaum dürfen nicht sein, selbst das Oktoberfest steht auf der Kippe. Doch Ostern bleibt. Ausflüge und Familienfeiern müssen wir lassen, aber nicht das Osterhalleluja und die Freude darüber, dass es ein Leben gibt, das noch wichtiger ist als Gesundheit, Wellness und Fitness. Diese Freude kann uns keiner nehmen. Und wir wollen sie teilen, auch mit diesem Gottesdienst.

Schauen wir auf das erste Osterfest bei Jerusalem, dann wird klar, was Ostern eigentlich ist: Ostern ist ein Gartenfest auf das neue Leben! Am Karfreitag wird der Garten vorbereitet, in dem dieses Leben sprießen soll: „An dem Ort, wo man Jesus gekreuzigt hatte, war ein Garten, und in dem Garten war ein neues Grab, in dem noch niemand bestattet worden war. Wegen des Rüsttages der Juden und weil das Grab in der Nähe lag, setzten sie Jesus dort bei" (Joh 19,41–42).

Dieses Gartengrab dient als Bühne für das Osterfest. Als Maria Magdalena sich mit anderen Frauen am frühen Morgen zum Garten aufmacht, um das Grab zu besuchen, kommt es zu einer Verwechslung: Der Auferstandene begegnet ihr als Gärtner. Maria ahnt nicht, wen sie vor sich hat. Und noch weniger ahnt sie, dass der Gärtner sie zur Mitarbeiterin in seinem Garten berufen wird, zur „Apostolin der Apostel". An dieser Verwechslung merke ich, dass der Heilige Geist ein kleiner Schelm ist. Gottes Pädagogik arbeitet mit einem echten Geistesblitz: Jesus ist nämlich wirklich ein Gärtner; sein Bereich ist der Garten des Lebens. Er will den Menschen den Zugang zum Garten Eden neu eröffnen. Bereits vom Kreuz herunter hat er es einem der Schächer zugesichert: „Heute noch wirst du mit mir im Paradies sein" (Lk 23,43).

Damit korrigiert Jesus die Arbeit eines anderen Gärtners. Es ist Adam. Adam, so erzählt die Geschichte aus dem Alten Testament, wird von Gott in den Garten Eden gesetzt. Dort wird er mit einer wichtigen Aufgabe betraut: Er soll den Garten bestellen, pflegen und schützen. Doch Adam,

der Gärtner von Eden, überschreitet seine Kompetenz. Er vertauscht die Rollen. Der Mensch will sein wie Gott, er will entscheiden, was gut ist und was böse. Das Geschöpf schwingt sich auf zum Schöpfer. Und so wird dem Gärtner Adam gekündigt, er muss den Garten verlassen und harte Arbeit leisten. Das Lachen ist ihm vergangen, er und seine Frau Eva müssen schaffen im Schweiße ihres Angesichtes. Seither fehlte dem Garten Eden ein Gärtner.

Mit dem Auftreten Jesu von Nazareth ist die Stelle des Gärtners in Eden wieder besetzt! Er stellt die Ordnung in Gottes Garten wieder her. Jesus selbst verschweigt seine Ahnenreihe nicht. Gern nennt er sich den „Menschensohn", auf Hebräisch „Ben Adam", der Sohn, der Nachkomme des Adam. Jesus ist der neue Adam, der Gärtner, dem es nicht um sich selbst geht, sondern nur um den Willen Gottes.

Noch in anderer Hinsicht legt die Verwechslung am Gartengrab eine tiefsinnige Botschaft frei: Zum Gärtner gehört die Stechschaufel. Damit wendet er die Erde. So wird sie neu fruchtbar und nimmt frischen Samen auf. Jesus, der Gärtner, setzt seinen Spaten an bei der Geschichte vom Garten Eden. Er schlägt nicht nur ein neues Kapitel auf, er wendet das Blatt wie ein Stück Erde: Danach bekommt die alte Geschichte von Sünde und Schuld ein neues Gesicht, sie gleicht einem neu angelegten Garten. Unter dem Einsatz des eigenen Lebens macht Jesus aus dem dornigen Erdengarten den blühenden Garten Eden. Ist es nicht ein wunderschönes Wort, das Blaise Pascal im 17. Jahrhundert prägte: „In einem Garten ging die Welt verloren, in einem Garten wurde sie erlöst"? Inmitten von all dem Schlechten und Schlimmen, auch von allzu menschlichen Verschwörungs- und Strafe-Gottes-Theorien, die mit der Pandemie im Umlauf sind, glaube ich fest, dass Gott etwas Neues und Gutes mit uns und seiner Kirche plant; dass er mit Ostern den Startschuss setzt für den Weg einer wirklich geistlichen Erneuerung. Eine meiner Lieblingsstellen aus den Prophetenbüchern steht bei Jesaja: „Seht, ich mache etwas Neues. Schon keimt es auf. Seht ihr es nicht? Ich bahne einen Weg durch die Wüste und lasse Flüsse in der Einöde entstehen" (43,19). Manchmal muss Gott uns einen „Schubs" geben, um auf das hinzuweisen, was er neu machen will. Wahrscheinlich deswegen, weil niemand von uns in der Wüste, in der Dürre, im Niemandsland einen Aufbruch oder gar Durchbruch erwartet. Corona ist für mich ein solcher Schubs: Bleibt nicht stehen! Geht nach vorn! Der Auferstandene weist euch den Weg. Und vor allem: Habt keine Angst vor dem Heiligen Geist! Beklagt euch nicht über die religiöse Steppe, freut euch darüber, dass mit Ostern auch in der Kirche der Frühling kommt.

Deshalb feiern wir Ostern zu Recht als Gartenfest. Historiker haben festgestellt, dass Jesus zur Hinrichtungsstätte durch das „Gennathtor" ging, was übersetzt „Gartentor" heißt. Seit er das Kreuz dorthin getragen hat, ist das Gartentor offen. Der neue Garten Eden tut sich auf. Er grünt und blüht. Ich weiß, dass die Kirche nicht das Paradies auf Erden ist. Aber schauen wir in unsere Klöster! Sie sind undenkbar ohne Garten: Kreuzgang, Gemüsegarten, Bibelgarten. Orte, an denen die Schöpfung lebt, wo Franziskanerinnen den Sonnengesang anstimmen.

Es braucht Menschen, die den Garten hegen und pflegen. Das gilt auch im übertragenen Sinn. Unsere Klöster haben eine prophetische Funktion für die Kirche: als Biotope der Hoffnung. Wie viel Leben regt sich da, doch oft merken wir es nicht oder wollen es nicht sehen. Es sind kleine Dinge, die groß sind im Leben. Die Lebewesen im Biotop drängen sich nicht auf. Wer gibt sich da nicht alles ein Stelldichein!

Wasserflöhe, Mücken, Rückenschwimmer, zirpende Grillen und hüpfende Heuschrecken, Schnecken mit und ohne Haus, tänzelnde Libellen und summende Bienen, getupfte Marienkäfer und brummende Maikäfer, dazwischen ein quakender Frosch. Schon der Gärtner Jesus liebt die kleinen Dinge, wenn er das Reich Gottes beschreibt. Er erzählt von Feldblumen und Samenkörnern, von Spatzen und anderen Vögeln des Himmels, von Salz und Sauerteig, von Wasser und Wein, nur selten vom Geld – und wenn, dann von den paar Pfennigen einer Witwe, die für den Klingelbeutel kostbar sind. Ich wünsche uns an diesem Osterfest, das keine großen Sprünge zulässt, neue Lebensfreude und Aufmerksamkeit für die kleinen Dinge, die den Garten des Lebens so liebenswert machen!

Noch etwas lehrt uns das österliche Biotop der Kirche. Das Leben ist viel reicher als wir meinen. Ich höre den Einwand: „Reichtum des Lebens kenne ich nicht." Vielleicht wurden Sie schon einmal richtig enttäuscht und fühlten sich alles andere als gelungen: „Ach Gott, hättest du mich doch etwas intelligenter geschaffen oder einige Zentimeter länger oder ein paar Pfunde leichter!" Sie verstehen nicht, was an Ihnen so liebenswert sein soll? Ich jedenfalls genieße es, dass die Kirche keine Monokultur ist. Zum Biotop gehört Artenvielfalt. Monokulturen tun nicht gut. Wer sich auf die Kirche einlässt, dem wird nicht langweilig. Bei uns sollen die Menschen erleben, wie unterschiedlich sich Glauben, Hoffen und Lieben entfalten können. Im Garten Gottes ist nichts und niemand gering. Adam und Eva mussten das Paradies verlassen; sie nahmen Blätter vom Feigenbaum, weil die ordentlich groß sind, und bedeckten damit ihre Blöße.

Seit der Gärtner Jesus das österliche Biotop angelegt hat, brauchen wir keine Angst mehr haben, uns eine Blöße zu geben.

Wir müssen uns des Lebens nicht schämen, auch wenn bei uns nicht alles in voller Blüte steht. Eine zurechtgestutzte Monokultur sieht zwar schön aus, ist aber auch ungesund. Das Biotop der Hoffnung, die katholische Kirche, ist bunt. Kenner wissen, dass fleckige Äpfel oft geschmacklich die besten sind. Ob Adam und Eva auf einen gespritzten Apfel mit roten Bäckchen hereingefallen sind? Im Biotop der Kirche soll der Reichtum des Lebens blühen; die Menschen sollen spüren, wie Leben kriecht und krabbelt, wie es fliegt und jubiliert. Ein solches Biotop zieht an, ohne dass wir viel dazu tun müssten. Wo Leben pulsiert, wirkt es einladend.

„In einem Garten ging die Welt verloren, in einem Garten wurde sie erlöst." Auf dieses Wort von Blaise Pascal spielt Papst Johannes XXIII. an, wenn er uns Christen sagt: „Wir sind nicht auf der Erde, um ein Museum zu hüten, sondern um einen Garten zu pflegen, der von blühendem Leben strotzt und für eine schöne Zukunft bestimmt ist." Wir haben Zukunft, wenn wir dem Leben trauen, das nie vor Überraschungen sicher ist. Auch Maria Magdalena war sicher „ganz schön perplex", als Jesus vor ihr als Gärtner stand. Bis heute ist er der Grund, dass wir Ostern als Gartenfest feiern. Schauen wir noch einmal auf den Floristen Paul Deckers aus Holland. Er hatte dieses Jahr eine ebenso gute Idee wie sonst: Um den Menschen eine Freude zu machen, hat er die Blumen, die für den Papst und den Petersplatz bestimmt waren, an Alten- und Pflegeheime sowie an Krankenhäuser in seiner unmittelbaren Umgebung gespendet. Blumen sollen schließlich nicht welken oder untergepflügt werden, sondern schmücken, gute Laune schaffen und das Herz erfreuen.

Dieses Beispiel machte Schule: Ein großes Unternehmen hat jetzt bei Deckers mehrere Hundert Sträuße für die Mitarbeiter im Homeoffice bestellt – als Dankeschön für den besonderen

Einsatz in diesen Wochen. Ein Blumengruß vom Chef – mit Osterglocken oder kunterbunten Frühlingsprimeln. Denn eine Lieferung vor die Haustüre im Inland, das funktioniert immer noch.

Ich möchte nicht warten bis zum Oktoberfest, das vielleicht gar nicht stattfinden kann. Die Osterfreude will ich mir auch heuer nicht nehmen lassen und so stoße ich im Geiste mit euch an: ein Prosit auf das Leben!

VIDEO
https://www.youtube.com/watch?v=KJEXOkQ0mj8

Auszug aus dem heiligen Evangelium nach Lukas
(Lk 24,13–23.25–32)

Am ersten Tag der Woche waren zwei von den Jüngern Jesu auf dem Weg in ein Dorf namens Emmaus, das sechzig Stadien von Jerusalem entfernt ist. Sie sprachen miteinander über all das, was sich ereignet hatte. Und es geschah: Während sie redeten und ihre Gedanken austauschten, kam Jesus selbst hinzu und ging mit ihnen. Doch ihre Augen waren gehalten, sodass sie ihn nicht erkannten.

Er fragte sie: Was sind das für Dinge, über die ihr auf eurem Weg miteinander redet? Da blieben sie traurig stehen und der eine von ihnen – er hieß Kleopas – antwortete ihm: Bist du so fremd in Jerusalem, dass du als Einziger nicht weißt, was in diesen Tagen dort geschehen ist? Er fragte sie: Was denn?

Sie antworteten ihm: Das mit Jesus aus Nazaret. Er war ein Prophet, mächtig in Tat und Wort vor Gott und dem ganzen Volk. Doch unsere Hohepriester und Führer haben ihn zum Tod verurteilen und ans Kreuz schlagen lassen. Wir aber hatten gehofft, dass er der sei, der Israel erlösen werde. Und dazu ist heute schon der dritte Tag, seitdem das alles geschehen ist. Doch auch einige Frauen aus unserem Kreis haben uns in große Aufregung versetzt. Sie waren in der Frühe beim Grab, fanden aber seinen Leichnam nicht. Als sie zurückkamen, erzählten sie, es seien ihnen Engel erschienen und hätten gesagt, er lebe.

Da sagte er zu ihnen: Ihr Unverständigen, deren Herz zu träge ist, um alles zu glauben, was die Propheten gesagt haben. Musste nicht der Christus das erleiden und so in seine Herrlichkeit gelangen? Und er legte ihnen dar, ausgehend von Mose und allen Propheten, was in der gesamten Schrift über ihn geschrieben steht.

So erreichten sie das Dorf, zu dem sie unterwegs waren. Jesus tat, als wolle er weitergehen, aber sie drängten ihn und sagten: Bleibe bei uns; denn es wird Abend, der Tag hat sich schon geneigt! Da ging er mit hinein, um bei ihnen zu bleiben. Und es geschah: Als er mit ihnen bei Tisch war, nahm er das Brot, sprach den Lobpreis, brach es und gab es ihnen. Da wurden ihre Augen aufgetan und sie erkannten ihn; und er entschwand ihren Blicken. Und sie sagten zueinander: Brannte nicht unser Herz in uns, als er unterwegs mit uns redete und uns den Sinn der Schriften eröffnete?

Redet miteinander!
Ein geistlicher Rat aus dem
Emmaus-Evangelium

Predigt am Ostermontag 2020

Deutschland, Bayern, das Bistum Augsburg im Ausnahmezustand: Überall gilt derzeit ein Verbot von Ansammlungen von
mehr als zwei Personen. Ausnahmen sind Familien sowie Menschen, die in einem Haushalt leben. Wer sich nicht daran hält,
muss mit Bußgeld rechnen.

So gesehen, ist das heutige Evangelium von den Emmausjüngern geradezu für uns geschrieben. Bevor wir daraus einen Impuls ziehen, schauen wir uns noch näher das Ziel des Weges an,
zu dem sich die beiden Männer aufgemacht haben.

Immer wieder hat es Versuche gegeben, das Rätsel um den Ort
Emmaus archäologisch und geographisch zu lüften, indem man
eine konkrete historische Stelle suchte, die – wie Lukas verrät –
sechzig Stadien, also ungefähr elf Kilometer von Jerusalem entfernt liegt. Außer einer Reihe von mehr oder weniger sicheren
Hypothesen hat dieser Versuch bislang kein Ergebnis gebracht.
Auf dem Weg der Forschung lässt sich also wohl wenig ermit-
teln. Doch es gibt noch eine andere Weise, dem Geheimnis auf
die Spur zu kommen. Einen Hinweis dafür liefert uns der Name
Emmaus selbst. *Nomen est omen* sagen wir, und das trifft auch
auf Emmaus zu. Der Herkunft nach ist der Ortsname Emmaus
wohl vom hebräischen Verb *hamam* abgeleitet, was so viel wie
„warm werden" bedeutet. Emmaus könnte dann etwas zu tun
haben mit warmen Quellen. Wir Menschen mögen warme
Quellen. Wir sind von den Geysiren auf Island fasziniert und
manche von uns fühlen sich fast magisch angezogen von

Thermalquellen, die auf wundersame Weise viel wärmer sind als das sie umgebende Grundwasser. Oder denken wir nur an unsere Schwimmbäder: Einen angenehmeren Ort zur Entspannung als ein Thermalbecken können wir uns kaum vorstellen. Dort fühlen wir uns wohl: in der Wellnessoase. Da geht es uns gut und wir können die Seele baumeln lassen. Alles Unliebsame und Belastende fällt von uns ab. Die Flucht aus dem Alltag, aus der Anspannung und dem Stress kennt wohl keinen passenderen Ort. Und eine solche Kuroase suchten die Jünger in Emmaus, um „herunterzukommen", ihren „Stress" hinter sich zu lassen, das Entsetzen über Jesu Leiden mit seinem kläglichen Tod am Kreuz.

Elf Kilometer von Jerusalem nach Emmaus: auch für einen Geübten mindestens zwei Stunden Gehzeit zu Fuß. Und den Jüngern vergeht diese Zeit wie im Flug. Der hinzukommende, unbekannte Weggefährte klärt die beiden auf. Anhand von Weissagungen des Alten Testamentes weist er nach, dass es zur Kreuzigung, aber auch zur Auferstehung ihres Freundes und Herrn kommen musste. Noch bevor sie den Kurort Emmaus erreichen – das Ziel für das Aufatmen von Leib und Seele, wo die warmen Quellen fließen –, wird es ihnen warm ums Herz, fängt ihr Herz zu brennen an.

Diese Feststellung soll alles sein, was ich Ihnen aus der Emmausgeschichte heute als Deutung mitgebe. Die Erzählung ist so reich, dass allein über sie schon ganze Doktorarbeiten entstanden sind. Aber für heute soll das genügen. Denn mit diesem Gedanken scheint das Evangelium wirklich für uns in die derzeitige Situation hineingeschrieben. Es stellt Fragen:

Trauen wir es uns zu, zwei Stunden lang mit einem Wegbegleiter, ja mit einem/r Lebensgefährten/in über Glaubensfragen zu sprechen? Habe ich wirklich jemanden, mit dem ich mich auch über religiöse Dinge unterhalten kann? Oder müssen wir zugeben: Unsere bevorzugten Themen sind mehr das Wetter, Politik und Wirtschaft, Reisen und Hobbys? Andere reden gern über den Fußball, die Automarke, die neueste Mode, das beste Konzert, schlechte und gute Kollegen und Nachbarn; bei uns in der Kirche sind auch Mitbrüder und Mitschwestern immer ein Lieblingsthema – vor allem wenn die Betroffenen nicht da sind, spricht man gern über sie und nicht immer gut. Doch viele der gängigen Themen geben zur Zeit nichts her, denn der Fußball macht Pause, die meisten Geschäfte sind zu, Reisen werden storniert, Kulturevents abgesagt, die lieben Kollegen machen Homeoffice und in der Politik und Wirtschaft scheint es – in allen Nachrichtensendungen und Talkshows – nur noch ein Thema zu geben: die Corona-Krise.

Deshalb mein Vorschlag für Sie, der auf der Emmausgeschichte basiert: Wäre es nicht eine gute Idee, diese Zeit zu nutzen, um in unseren Gesprächen wieder wesentlicher zu werden, um einander noch tiefer und wohlwollender kennen- und schätzenzulernen, um auch Jesus neu auf die Spur zu kommen? Ehepartner, Geschwister, Freunde sind meines Erachtens heute jene Emmausjünger, die miteinander durchs Leben gehen. Deshalb mein Tipp: Wenn auch vieles an diesem Ostermontag nicht geht, ein Emmausspaziergang ist erlaubt – zu zweit oder als Familie, immer mit dem gebührenden Abstand, aber das ist nicht störend. Denn dazwischen – bei aller räumlichen Distanz – geht ein unsichtbarer Weggefährte mit: Jesus, der Auferstandene, der uns begleitet auch in dieser delikaten Zeit. Ihn bitten wir: Bleib bei uns, Herr, damit wir mit dir gehen – ein Leben lang! Amen.

Video
https://www.youtube.com/watch?v=FefbopfsWeY

Auszug aus dem heiligen Evangelium nach Johannes
(Joh 20,19–29)

Am Abend dieses ersten Tages der Woche, als die Jünger aus Furcht vor den Juden bei verschlossenen Türen beisammen waren, kam Jesus, trat in ihre Mitte und sagte zu ihnen: Friede sei mit euch! Nach diesen Worten zeigte er ihnen seine Hände und seine Seite. Da freuten sich die Jünger, als sie den Herrn sahen.

Jesus sagte noch einmal zu ihnen: Friede sei mit euch! Wie mich der Vater gesandt hat, so sende ich euch. Nachdem er das gesagt hatte, hauchte er sie an und sagte zu ihnen: Empfangt den Heiligen Geist! Denen ihr die Sünden erlasst, denen sind sie erlassen; denen ihr sie behaltet, sind sie behalten.

Thomas, der Didymus genannt wurde, einer der Zwölf, war nicht bei ihnen, als Jesus kam. Die anderen Jünger sagten zu ihm: Wir haben den Herrn gesehen. Er entgegnete ihnen: Wenn ich nicht das Mal der Nägel an seinen Händen sehe und wenn ich meinen Finger nicht in das Mal der Nägel und meine Hand nicht in seine Seite lege, glaube ich nicht.

Acht Tage darauf waren seine Jünger wieder drinnen versammelt und Thomas war dabei. Da kam Jesus bei verschlossenen Türen, trat in ihre Mitte und sagte: Friede sei mit euch! Dann sagte er zu Thomas: Streck deinen Finger hierher aus und sieh meine Hände! Streck deine Hand aus und leg sie in meine Seite und sei nicht ungläubig, sondern gläubig!

Thomas antwortete und sagte zu ihm: Mein Herr und mein Gott! Jesus sagte zu ihm: Weil du mich gesehen hast, glaubst du. Selig sind, die nicht sehen und doch glauben.

CHRISTUS IST NICHT DRINNEN; ER IST HINAUSGEGANGEN ZU DEN SUCHENDEN

Predigt am Weißen Sonntag 2020

Noch zu Beginn der Fastenzeit haben viele von uns gedacht: Diese Pandemie verursacht zwar einen kurzfristigen Shutdown, eine Störung der gewöhnlichen Abläufe in der Gesellschaft; aber wenn wir das überstanden haben, geht alles so weiter wie vorher. Dann kehren wir einfach wieder zum alten Modus zurück. Doch es ist anders gekommen. Auch wenn wir jetzt kleine Schritte wagen dürfen, um uns wieder für wirtschaftliche und soziale Kontakte zu öffnen, wird die Welt nach Corona nicht mehr dieselbe sein wie zuvor. Das globale Phänomen der Corona-Pandemie ist für mich – biblisch gesprochen – ein Zeichen der Zeit. Auch in der Kirche wird es nicht mehr weitergehen wie zuvor. Ein „einfach weiter so" wird und darf es nicht geben.

In dieser von Corona dominierten Zeit fühlen wir uns einer Gruppe von Menschen besonders nahe: den Suchenden. Die einen suchen nach dem befreienden Impfstoff, die anderen suchen nach verlässlichen Beziehungen, wieder andere suchen nach Stabilität in ihrer wirtschaftlichen Existenz, die auf der Kippe steht. Suchen: Genau das ist der wunde Punkt bei Thomas: Glauben möchte er, aber gleichzeitig sehen. In Thomas begegnen wir einem Suchenden. Man hat oft gesagt, Thomas sei eine Vorwegnahme des aufgeklärten Menschen der Neuzeit. Ob uns am Beispiel des Thomas wirklich nur die Kapitulation eines Skeptikers vorgeführt werden soll? Ich meine, es geht um viel mehr. Der feierliche Schlusssatz drückt das eigentliche Anliegen aus: „Selig sind, die nicht sehen und doch glauben." Wenn es im Psalm 111,4 heißt: „Ein Denkmal seiner Wunder hat der Herr gestiftet", so können wir hier variierend sagen: Der Auferstandene legt den Finger in das Wundmal seines Denkers Thomas. Wen preist Jesus also selig?

Den Schlüssel für eine Antwort liefert uns ein Blick in die Zeit, als Johannes sein Evangelium verfasste. Wir schreiben das Jahr 90 nach Christus, etwa 60 Jahre nach Ostern. Das Christentum hatte sich schon weit ausgebreitet. Rund um das Mittelmeer gab es Gemeinden mit Menschen, die das Osterevangelium kannten, aber den Auferstandenen nicht mehr persönlich erfahren hatten. Genau dies ist der wunde Punkt, der den Christen am Ende des 1. Jahrhunderts zu schaffen machte: Kann das, was Jesus gelehrt und gelebt hat, kann der Glaube, den er seinen Jüngern eingepflanzt hat, weiterwachsen auch bei Menschen, die Jesus nie mit eigenen Augen gesehen, nie mit eigenen Ohren gehört, nie mit eigenen Händen berührt hatten? Oder musste man damit rechnen, dass die „Sache Jesu" nach zwei, drei Generationen abbröckeln würde, weil die Gleichgültigkeit und das Vergessen stärker waren als die Kraft des Anfangs?

Dieses Problem der Christen an der ersten Jahrhundertwende wird in der Gestalt des Thomas gleichsam verdichtet. Wir wissen, dass er in der entscheidenden Stunde nicht dabei ist, als die Kirche aus der Taufe gehoben wird. Er ist nicht dabei, als Jesus seinen Jünger *Schalom,* den Frieden, zuspricht. Er ist nicht dabei, als der Auferstandene ihnen den Heiligen Geist schenkt und damit das österliche Sakrament der Vergebung, von dem wir leben, um immer wieder neu anfangen zu können. Thomas steht für die Christen, die den Anfang, die Gnade der ersten Stunde, nicht mehr erlebt haben. Ist Thomas deshalb benachteiligt? Die Antwort des Johannes lautet: Nein. Er ist nicht „hinten dran". Denn er hat Anteil an der Versammlung der Zeugen, die Woche für Woche zusammenkommt: Eine Schatztruhe geistlicher Erfahrung ist es, die Thomas geschenkt wird. Eigentlich hätte ihm das genügen müssen. Aber er ist nicht zufrieden damit. Und Gott kommt ihm und seinen Zweifeln tatsächlich entgegen. Er bekommt die einmalige Gelegenheit, persönlich den Herrn zu sehen. Im Text heißt es: „Acht Tage darauf waren seine Jünger wieder drinnen versammelt und Thomas war dabei."

Schön, dass auch Sie heute wieder dabei sind, wenn wir hier zum Gottesdienst zusammengekommen sind. Momentan ist das nur virtuell möglich, am Computer oder übers Fernsehen. Deshalb freue ich mich schon jetzt, wenn unsere Versammlungen als Kirche wieder real, wirklich und in körperlicher Präsenz, stattfinden können. Viele zerbrechen sich derzeit den Kopf, wie das – hoffentlich bald – möglich sein wird. Nicht nur Kirchenleute, sondern auch Verantwortliche in der Politik, von denen uns viele sehr gewogen sind und die alles tun, um Türen zu öffnen – immer den Schutz der Gesundheit unserer Mitbürgerinnen und -bürger im Blick. Ihnen ein herzliches Vergelt's Gott!

Gemeinschaft im Glauben – das wird auch in Zukunft immer wichtiger. Denn die Zahl der Suchenden wächst. Die Suchenden sind nicht nur draußen in der Welt. Die Suchenden sind drinnen, mitten unter uns, in der Kirche. Auch bei den Beheimateten, die selbstverständlich in der Kirche sind und mit ihr leben, gibt es viele Suchende – gerade jetzt. Für sie ist der Glaube kein „ererbtes Eigentum", sondern eher ein Weg, ein Gehen mit dem Herrn mit allen Gipfeln und Tälern. Da müssen wir als Kirche mitgehen – im wahrsten Sinn des Wortes. Da dürfen wir nicht unsere Inneneinrichtung pflegen oder gar Nabelschau betreiben. Das hilft keinem.

Die Suchenden von heute – ob drinnen oder draußen – brauchen eine Kirche, die begleitet: eine Kirche, die nicht selbstsicher die eigenen Interessen und Privilegien pflegt, sondern sich selbst als Suchgemeinschaft versteht. Thomas hat sie gefunden im Apostelkreis. Er hat keine Ich-AG gegründet, um den Osterglauben anzunehmen. Ostern hat sich ihm erschlossen in einer GmbH: in der apostolischen Gemeinschaft *m*it *b*egründeter *H*offnung. Viele Ich-AGs müssen Insolvenz anmelden, nicht nur in der Wirtschaft, selbst im Glauben. Manchmal habe ich den Eindruck, dass wir – auch in der Kirche – viel zu viele Ich-AGs haben. Menschen, die nur sich sehen, ja die sich mitunter mehr selbst zelebrieren als den gekreuzigten und auferstandenen Herrn.

So weitet die Gestalt des Thomas unseren Blick auf das Problem unserer Zukunft. Es geht um die Weitergabe des Glaubens, um unsere Mission. „Selig sind, die nicht sehen und doch glauben", will sagen: „Selig sind die, die zwar nicht in der ersten Stunde mit dabei waren, die aber den Zeugen der Auferstehung Glauben schenken."

Wo finde ich heute solche Zeugen? Wo finde ich Zeugen, die miteinander aus der Auferstehung Jesu Christi leben und sich in seinem Geist versammeln? Eine Kennkarte dafür ist die Gemeinde, wie sie die Apostelgeschichte beschreibt (vgl. Apg 2,43–47; 4,32–35). Die ihr angehören, sind verbunden wie die Glieder eines Leibes. Sie teilen das Brot miteinander und leben zusammen in Freude und Reinheit des Herzens. Sie sind ein Herz und eine Seele. Dieses Miteinander ist der stärkste Osterbeweis, den es geben kann. Und genau da kommen wir wieder zum „Sehen" zurück. Gerade die Menschen von heute wollen etwas „sehen" von unserem Glauben. Sie wollen „sehen", wo wir das auch leben, was wir lehren. Sie

wollen „sehen", wie es bestellt ist um das große Wort der Liebe, das wir Kirchenleute so gern im Mund führen. Sie wollen „sehen", ob wir glaubwürdig sind. Was „sehen" die Menschen bei uns?

Wir sind gut beraten, unsere Suche nach dem Glauben an Thomas zu orientieren: Thomas ist seinen Weg nicht allein gegangen. Er wollte es nicht „solo" machen. So hat er seine Gemeinschaft nicht abgeschrieben, noch hat er sich innerlich von ihr distanziert, er hat auch keine „Thomas-Ich-AG" gegründet, sondern Halt gesucht in der „kirchlichen GmbH", der Gemeinschaft mit begründeter Hoffnung. Weil er seine Fragen und Zweifel in die Gemeinschaft eingebracht hat und ihnen dort auf den Grund gegangen ist, hat sein Osterglaube ein Fundament, festen Grund, gefunden: den Grund, der in den Wunden liegt.

Einen Tag vor seiner Wahl zum Papst griff der damalige Kardinal Bergoglio eine Aussage aus der Apokalypse auf: Christus steht an der Tür und klopft. Und er fügte hinzu: „Heute klopft jedoch Christus aus dem Inneren der Kirche an und will hinausgehen. Vielleicht hat er das gerade getan." Immer wieder hat Jesus in der Geschichte im Inneren der Kirche angeklopft. Haben wir seine Klopfzeichen gehört? Jesus ist mit seiner Mission aus der Kirche „herausgetreten"! Vielleicht ist Jesus deshalb zu Fernstehenden hinausgegangen – er hat manche Räume der Kirche verlassen, die eher an ein Grab erinnern als an einen blühenden Garten. Das ist für mich ein großes Frage- und Ausrufezeichen! Wo gehen wir hin als Kirche?!

Machen wir ernst mit Ostern: Das Grab ist wirklich leer. Aber der verwundete Leib Christi bleibt. Der Auferstandene hat Thomas seine Wunden gezeigt und sich berühren lassen. Ich wünsche uns – der Kirche heute – den Mut, einander unsere Wunden zu zeigen, unsere offenen Flanken und Schwachstellen. Leben wir Kirche als Suchgemeinschaft! Wir haben die Wahrheit nicht für uns gepachtet. Auch das könnte eine Lehre sein aus Corona, einem Zeichen für diese Zeit. Gerade an diesem Punkt gibt es für uns alle noch viel zu tun. Packen wir's an!

VIDEO
https://www.youtube.com/watch?v=ZECXGegOqfw

Auszug aus dem heiligen Evangelium nach Johannes
(Joh 21,1–13)

In jener Zeit offenbarte sich Jesus den Jüngern noch einmal, am See von Tiberias, und er offenbarte sich in folgender Weise.

Simon Petrus, Thomas, genannt Didymus, Natanaël aus Kana in Galiläa, die Söhne des Zebedäus und zwei andere von seinen Jüngern waren zusammen. Simon Petrus sagte zu ihnen: Ich gehe fischen. Sie sagten zu ihm: Wir kommen auch mit. Sie gingen hinaus und stiegen in das Boot. Aber in dieser Nacht fingen sie nichts. Als es schon Morgen wurde, stand Jesus am Ufer. Doch die Jünger wussten nicht, dass es Jesus war.

Jesus sagte zu ihnen: Meine Kinder, habt ihr keinen Fisch zu essen? Sie antworteten ihm: Nein. Er aber sagte zu ihnen: Werft das Netz auf der rechten Seite des Bootes aus und ihr werdet etwas finden. Sie warfen das Netz aus und konnten es nicht wieder einholen, so voller Fische war es.

Da sagte der Jünger, den Jesus liebte, zu Petrus: Es ist der Herr! Als Simon Petrus hörte, dass es der Herr sei, gürtete er sich das Obergewand um, weil er nackt war, und sprang in den See.

Als sie an Land gingen, sahen sie am Boden ein Kohlenfeuer und darauf Fisch und Brot liegen. Jesus sagte zu ihnen: Bringt von den Fischen, die ihr gerade gefangen habt! Da stieg Simon Petrus ans Ufer und zog das Netz an Land. Es war mit hundertdreiundfünfzig großen Fischen gefüllt, und obwohl es so viele waren, zerriss das Netz nicht.

Jesus sagte zu ihnen: Kommt her und esst! Keiner von den Jüngern wagte ihn zu befragen: Wer bist du? Denn sie wussten, dass es der Herr war. Jesus trat heran, nahm das Brot und gab es ihnen, ebenso den Fisch.

Zeit zum Zwischenruf

Predigt am dritten Ostersonntag, 26. April 2020

Werft noch einmal die Netze aus! Dem Evangelium der Aufer-stehung geht es wie diesem neuen Morgen. Er dämmert ganz langsam. Die Osterbotschaft ist nicht so greifbar wie die Wunder und Taten zu Jesu Lebzeiten. Jesus lässt sich nicht festhalten. Er lässt sich von uns auch nicht in die Tasche stecken, selbst wenn wir das mit der Hostie gern machen würden. Das Erkennen des Auferstandenen ist mühsam und anstrengend – damals und jetzt. Es braucht viele Begegnungen, Einzelgespräche, geduldiges Tasten und Spüren in das Geheimnis hinein. Daher bin ich – im Nachhinein betrachtet – für die zurückliegenden Wochen sogar sehr dankbar. Noch kaum zuvor in meiner Zeit als Diakon, Pries-ter und Seelsorger wurden mir so viele Zeiträume geöffnet, um nachzudenken und zu beten, um zu telefonieren und Briefe zu schreiben, um Emails zu beantworten und für die Zukunft Pläne zu schmieden, die hoffentlich dem Willen Gottes entsprechen.

Nun deutet sich allmählich Licht im Corona-Tunnel an. Es dämmert – langsam, aber sicher: Der Herr lebt, damals wie heute. Wie den sieben Jüngern an jenem Morgen. Als Urge-meinde sitzen sie in einem Boot. Sieben Jünger – sieben wie die Gemeinden der Geheimen Offenbarung; die sieben Gaben des Heiligen Geistes. Sieben ist eine heilige Zahl. Sie meint die Fül-le, die Vollkommenheit, das allumfassend Ganze. So sitzen wir alle in einem Boot. Die ganze Welt sitzt gegenwärtig in einem Boot. Corona zwingt uns dazu. Auch wir sind dabei.

Dieser Sonntag steht schon unter dem Eindruck der sogenann-ten „neuen Normalität". In unseren Kirchen soll und darf es bald wieder öffentliche Gottesdienste geben, wenn auch im kleinen, bescheidenen Rahmen. Darüber freuen wir uns. Wir

sitzen alle in einem Boot mit den Jüngern von damals, den Fi-
schern am See von Tiberias. „Ich gehe fischen", ruft Petrus seinen Kollegen zu, und ganz spontan antworten sie: „Wir kommen auch mit!" Rückkehr in die Normalität nennen wir das
heute, zweitausend Jahre danach, in Corona-Zeiten! Rückkehr
in die Normalität: Geht das überhaupt?

Können wir weitermachen wie zuvor? Dürfen wir das Schiff
der Kirche weiterlaufen lassen, wie wir das gewohnt waren?
Welchen Kurs sollen wir nehmen, damit die Kirche das Evangelium heute voranbringen kann? Fragen über Fragen!

Ich meine, dass es so nicht einfach weitergehen kann. Corona ist für mich ein Wink von oben, ein Fingerzeig von Gott.
„Rückkehr in die Normalität" heißt eben nicht: Aufgeschobe-
nes nachholen, Sakramente spenden wie gehabt, Seelsorge in
ausgetretenen Bahnen praktizieren, wie wir das seit eh und je
gewohnt sind. Es gibt kein Vorwärts in die Vergangenheit. Es
gibt keine Zukunft im Rückwärtsgang.

Deshalb gebe ich Ihnen heute ein paar Fragen zum Weiterden-
ken mit:

– Bald wird die Möglichkeit für Gottesdienste eröffnet – aber mit
begrenzten Zahlen: Sollen wir wieder hl. Messen – so wesentlich
sie für uns als sakramentale Kirche sind – feiern, auch wenn die
Bankreihen nur spärlich besetzt sind, hl. Messen zu jeder passen-
den und manchmal auch unpassenden Gelegenheit? Wir wissen
doch: Nicht jeder Anlass braucht die Eucharistie; auch alternati-
ve Gottesdienstformen sind wichtig und geeignet, beim jeweiligen Fest Gott die Ehre zu geben und Leute zusammenzuführen.

– Sollen wir weiter so, weil es Tradition ist, die Sakramente mit
Getauften feiern, die erst noch den Glauben im Alltag entdecken und leben müssen?

– Läuft nicht eine hl. Messe mit Abstandsregeln, Mundschutz und eventuellen Kommunionzangen Gefahr, zum „Krampf" zu werden, wie es Bischof Gerhard Feige drastisch formuliert hat? Angesichts der Nöte und Leiden derer, die um ihr eigenes Leben oder das von Verwandten bangen müssen, seien die Gottesdienstausfälle doch eher Luxusprobleme, meint der für die Ökumene in Deutschland zuständige Bischof von Magdeburg.

Als Priester, der ich nun bald 35 Jahre im Dienst des Herrn bin, möchte ich das tägliche Brot der Eucharistie nicht missen. Für mich ist die Feier der Eucharistie Quelle und Höhepunkt meines Lebens als Christ. Deshalb ist es unter meiner Würde, diese Frage zum Kampfplatz um die Religionsfreiheit zu machen. Es gibt so viele Weisen zu kommunizieren: natürlich ganz oben die hl. Kommunion – Jesus Christus, real präsent in Brot und Wein; dann aber auch die Gemeinschaft, Kommunion im Wort der Heiligen Schrift; schließlich die Kommunikation untereinander als Leib Christi. Unsere Gemeinden sind nicht nur eine horizontale Gemeinschaft, sie sind Leib Christi und wir sollen dabei lebendige Glieder sein. Wenn ich kommuniziere – und ich tue das zur Zeit stellvertretend für die vielen, die es leibhaft derzeit nicht können –, dann sage ich mir: Christi Leib *für dich,* und antworte unhörbar: Christi Leib *in dir!* Diese Erfahrung wünsche ich auch Ihnen.

Doch kehren wir zum See Tiberias zurück! Mit den Jüngern sitzen wir in einem Boot. Und wir versuchen, das Schiff der Kirche durch die Corona-Krise und die Fluten der weiteren Geschichte zu steuern: alle Christen, die Kirche sind, die Verantwortlichen und die Weisen (die ja nicht immer ein und dieselben sind), die Cleveren und die Trägen, die ewig Gestrigen und die scheinbar Liberalen, diejenigen, die sich der Anbetung und dem Lobpreis verschrieben haben und auch die mehr im aktiven Leben stehen, die Engagierten und alle, die einfach so mitlaufen – wir alle sind heute oft so wenig erfolgreich wie die Jünger als Fischer in jener Nacht, in der sie nichts gefangen haben. Ob sie sich schon damals nicht einig waren, welche Richtung das Boot nehmen soll, wer weiß. Die Netze unseres Glaubens sind meist leer und treiben an der Oberfläche. Doch die vergangenen Wochen haben vielen neuen Tiefgang gebracht. Ich weiß von Zuschriften, dass es Menschen gibt, die in der Heiligen Woche das Leiden, Sterben und die Auferstehung des Herrn in ganz neuer und profunder Weise gefeiert haben. Ist das nicht ein gutes Zeichen, ja ein Potential für die Zeit danach? Ich hoffe es. Corona ist für mich, für die ganze Kirche eine Zeit zum Zwischenruf: Ihr könnt nicht mehr so weitermachen wie zuvor! Tauscht eure Ideen aus und bewegt eure Hände und Füße, um dem Evangelium neue Wege zu den Menschen zu bahnen – nicht nur zu denen, die sowieso schon drinnen sind, sondern auch zu denen draußen auf hoher See!

Die Frage, die mich auch für den künftigen Weg des Bistums bewegt, ist: Wie können wir gerade Menschen in seelischer Not auffangen, wie können wir sie nähren mit dem Brot des Lebens im Wort und in der Hostie, aber auch: Womit speisen wir sie ab? Was sind Angebote, deren Verfallsdatum längst abgelaufen ist? Wie können wir die Menschen tränken mit dem Wasser des Lebens, damit sie sich taufen lassen oder das Geschenk der empfangenen Taufe noch einmal neu für sich entdecken?

Ich lege Ihnen diese Fragen heute ans Herz. Jetzt ist eine Zeit zum Zwischenruf, nicht mehr, aber auch nicht weniger. *Quo vadis, Ecclesia?* Kirche, wohin gehst du? Dieser Zwischenruf könnte auch den Synodalen Weg betreffen, zu dem wir aufgebrochen sind. Aber vielleicht sind jetzt durch diesen Corona-Zwischenruf neue Themen dran – Themen, die dem Schiff der Kirche mehr geistlichen Tiefgang geben, ohne jedoch die anderen gleich von der Tagesordnung zu streichen. Ein großes

Hoffnungszeichen für mich ist, dass viele Menschen vom Glück erzählen, das ihnen die Hauskirche geschenkt hat. Wohlgemerkt: Hauskirche, nicht Wohnzimmer- oder Kuschelkirche. Bei aller Trauer, die wir wegen der ausgefallenen Gottesdienste durchleiden mussten, erzähle ich Ihnen abschließend eine Geschichte, die ich von einem jungen Pfarrer unseres Bistums übermittelt bekam: „In Ägypten ließ der muslimische Herrscher Kalif Al-Hakim für neun Jahre alle Kirchen schließen. Eines Tages ging er in den Straßen der Christen spazieren. Aus jedem Haus hörte er die Christen beten und Gott loben. Da befahl er: Öffnet die Kirchen wieder und lasst die Christen beten, wie sie möchten. Ich wollte in jeder Straße eine Kirche schließen, doch nun musste ich feststellen, dass ich stattdessen eine neue Kirche in jedem Haus eröffnet habe." Wie schön wäre das auch bei uns!

VIDEO
https://www.youtube.com/watch?v=iKvWPeQO-pw

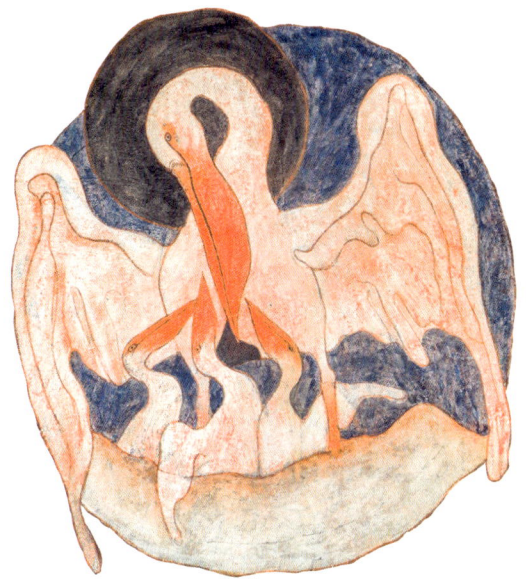

Aus dem heiligen Evangelium nach Johannes (Joh 2,1–11)

In jener Zeit fand in Kana in Galiläa eine Hochzeit statt und die Mutter Jesu war dabei. Auch Jesus und seine Jünger waren zur Hochzeit eingeladen. Als der Wein ausging, sagte die Mutter Jesu zu ihm: Sie haben keinen Wein mehr.

Jesus erwiderte ihr: Was willst du von mir, Frau? Meine Stunde ist noch nicht gekommen. Seine Mutter sagte zu den Dienern: Was er euch sagt, das tut!

Es standen dort sechs steinerne Wasserkrüge, wie es der Reinigungssitte der Juden entsprach; jeder fasste ungefähr hundert Liter. Jesus sagte zu den Dienern: Füllt die Krüge mit Wasser! Und sie füllten sie bis zum Rand. Er sagte zu ihnen: Schöpft jetzt und bringt es dem, der für das Festmahl verantwortlich ist. Sie brachten es ihm. Dieser kostete das Wasser, das zu Wein geworden war. Er wusste nicht, woher der Wein kam; die Diener aber, die das Wasser geschöpft hatten, wussten es.

Da ließ er den Bräutigam rufen und sagte zu ihm: Jeder setzt zuerst den guten Wein vor und erst, wenn die Gäste zu viel getrunken haben, den weniger guten. Du jedoch hast den guten Wein bis jetzt aufbewahrt.

So tat Jesus sein erstes Zeichen, in Kana in Galiläa, und offenbarte seine Herrlichkeit, und seine Jünger glaubten an ihn.

Der Rosenkranz gibt dem Beten Tiefe

Predigt zum Hochfest Patrona Bavariae am 1. Mai 2020

„Allein den Betern kann es noch gelingen,
das Schwert ob unsern Häuptern aufzuhalten
und diese Welt den richtenden Gewalten
durch ein geheiligt Leben abzuringen."

Es war in den letzten Wochen des Zweiten Weltkriegs, als diese Zeilen Reinhold Schneiders unter Studenten in München verteilt und immer wieder abgeschrieben wurden. In der Ohnmacht angesichts der heraufziehenden Katastrophe entdeckten sogar Intellektuelle die Macht des Gebetes. Auf die Macht des Gebetes setzen – wer von uns „mündigen Christen" kann das heute? Da fühlen wir uns eher auf der Gegenseite: nicht Macht, sondern Ohnmacht des Gebetes müsste es dann wohl heißen.

Not und Segen des Gebetes

Ich bitte Sie gleich zu Anfang: Nehmen wir redlich und wahrhaftig auch die dunkle Seite des Gebetes in unser Nachdenken und Nachspüren mit hinein. Wir brauchen uns dessen nicht schämen. Im Gegenteil: Unsere Betrachtung wird menschlicher und realistischer, sie nimmt die Erfahrungen ernst, die der Betende macht, und zeigt uns, dass Beten als Not und Segen zugleich empfunden wird: Da durfte einer erfahren, dass sein Gebet Erhörung fand. Doch andere unter uns, gedrückt und verbittert, können vom Gegenteil erzählen: Wie haben wir um das Leben eines Kindes, um die Heilung eines Krebskranken gebetet – und es hat nichts genützt! Und dann finden wir uns wieder im Grübeln und Hadern eines guten Menschen, der über einen schweren Schlag nicht hinwegkommt und sich fragt, wie es sein kann, dass andere, die in Saus und Braus leben, scheinbar unverwundbar sind.

Schließlich kennen wir auch die kleinlaute Klage: „Ich habe gebetet, aber meine Gebete waren wie Telefongespräche mit einem unverbundenen Apparat. Ich hatte das Gefühl, dass die Leitung tot war."

Es ist wahr: Nie erscheint ein Mensch ohnmächtiger, als wenn er betet. Die gefalteten und ineinander gelegten Hände sind die Hände eines Gebundenen, der sich gleichsam selbst entmachtet, indem er die Kraft seiner eigenen Hände hineinlegt in die Macht des „Ganz Anderen". Es gibt Menschen, die das Falten der Hände nicht fertigbringen, weil sie darin ein Zeichen menschlicher Ohnmacht sehen. Sie haben richtig erkannt: Nie erscheint ein Mensch ohnmächtiger, als wenn er betet.

Doch gilt nicht auch die Umkehrung: In seiner Machtlosigkeit erscheint der Mensch nirgendwo mächtiger, als wenn er betet? Dann freilich hat er sich auf einen sonderbaren Tausch eingelassen: Er hat die eigene Kraft eingetauscht gegen die Stärke eines Gottes, der sich in der Ohnmacht des Kreuzes als mächtig erweist – nirgends sonst.

Die Kirchengeschichte als Gebetsgeschichte

Ich habe mir vorzustellen versucht, wie eine Kirchengeschichte aussähe, wenn sie einmal ganz anders geschrieben würde: nicht als Papstgeschichte, nicht als Geschichte der Triumphe und Skandale, sondern als Geschichte des Gebetes. Es wäre von vornherein ein schwieriges Unterfangen, weil es sehr Persönliches, ja Intimes berührt. Aber wir würden darin erkennen, wie oft gerade die Kleinen und Geringen die Entscheidungen der Kirche vorbereitet und getragen, ja sogar mit getroffen haben durch ihr Gebet. Ich persönlich weiß um Menschen, die mich begleiten: gar nicht durch viele Worte, sondern durch ihr treues *Memento*. Besonders dankbar bin ich für meinen viel zu früh verstorbenen Vater, der mir Lehrer des Gebetes war. Zusammen mit meiner Mutter knüpfte er (ein evangelischer Christ!) für mich zur Erstkommunion diesen Rosenkranz, der mir bis heute ein wertvoller Begleiter ist.

Beten lernt man nicht wie Vokabeln aus dem Schulbuch. Beten lernen wir in der Schule des Lebens. Wenn Beten in die Tiefe gehen soll, dann braucht es Wurzeln im Leben, Vorbilder, für die das Beten eine Art Wasserzeichen des Lebens war. Das erste Kapitel einer Gebetsgeschichte würde ich der Gottesmutter widmen. Einzig in ihrer Ohnmacht liegt ihre Vollmacht. In ihrer Feinheit und Unaufdringlichkeit liegt ihre Kraft. Solche Aussagen entziehen sich dem ausschließlich logischen Beleg. Sie können nur in Vergleichen und Bildern nahegebracht werden. Ich möchte diesen besonderen Aspekt der Marienverehrung mit Hilfe eines Ihnen allen bekannten Bildmotives näher beleuchten.

Die Knotenlöserin lehrt beten

Wir finden das Bild nicht weit entfernt von hier: Es hängt in der im Kern noch romanischen Kirche St. Peter am Perlach rechts über einem Seitenaltar; um 1700 gemalt, während der Barockzeit also, und groß wie ein Altarbild.

Dargestellt wird Maria als hübsche, junge Frau in rotem Gewand, einen fliegenden blauen Überwurf um Hüften und Schultern, in der Mondsichel stehend, mit einer dunklen Schlange unter den Füßen. Ihre Tätigkeit ist das Entscheidende: An einem weißen Band, das ihr ein Engel von links ganz verknotet zureicht, löst sie geduldig und hingebungsvoll einen Knoten nach dem anderen; und in leichten Wellen fällt das Band entflochten und geglättet in die Hände eines anderen Engels. Dabei schwirrt ein Gewimmel von kleinen Engelsköpfen um Marias Kopf – und über allem schwebt die Taube, das Symbol des Heiligen Geistes, in hellem Licht. Unter der Madonna schließlich entdecken wir uns selbst: einen einsamen, bedrückten Menschen, den ein Engel zu einer Kirche weist.

Ein Gemälde nur – fast zu lieblich arrangiert; mit für manchen Geschmack viel zu vielen Engeln; außerdem sieht alles zu glatt aus. Dennoch kann uns gerade dieses Bild anrühren: Nie ist der Mensch mächtiger, als wenn er betet. Feinheit und Geduld sind der lange Atem der Gottesmutter. Darin liegt die Botschaft des Bildes. Angenommen, ein frommer marianischer Verein würde alle biblischen Stellen von Maria sammeln und auf ein paar Seiten drucken lassen. Angenommen, jemand, der vom Christentum keine Ahnung hat, würde diese religiöse Kleinschrift in die Hand bekommen, was würde er vom Christentum „wissen"? Was würde er als Botschaft mitnehmen? Wäre es nur ein Rahmen ohne Bild? Oder käme da Entscheidendes „rüber"? Wäre es nicht reizvoll, dieses *Evangelium nach Maria* durchzubeten?

Knoten bei Maria – Knoten bei uns

Auf diese Weise rückt die Knotenlöserin wieder in den Blick. Sie nimmt uns in die Schule des Betens mit. Der Rosenkranz führt uns in die Tiefe. Indem er die Knotenpunkte des Lebens Jesu ausleuchtet, stellt er auch unsere Lebensknäuel in ein neues Licht. Wir alle kennen verknotetes Leben. Da sind die zerstrittenen Ehepaare, deren Knoten mit Händen zu greifen sind. Wir leiden unter den Knoten, die unseren Gemeinschaften und Gruppen die Luft abschnüren. Schlimmer noch sind die Schlingen, in denen ein Mensch mit sich allein ist: „Maria vom Knoten, der Knäuel bin ich." Dies klingt wie ein entsetzter Aufschrei. Ein Mensch kommt über sein Schicksal einfach nicht hinweg. Er verfängt und verstrickt sich in sich selbst. Jemand ist in einer Trotzhaltung steckengeblieben, die vielleicht in seiner Kindheit wichtig war, jetzt aber nur behindert. Ein anderer hat sich in einer Angst verfangen, die einmal ganz „normal" war, jetzt aber nur noch einengt und fesselt. Eigenschaften und Fähigkeiten, einst nützlich und brauchbar, passen nicht mehr, weil sich die Situation geändert hat.

Eine Schleife an unserem Lebensband hat sich zu einem kleinen, harten Knoten zusammengezogen. Er schnürt das Leben ein, er sperrt das Blut ab, er verleitet zu verbissenen Anstrengungen. Aber unser eigenes Ziehen und Zerren macht den Knoten nur noch fester. Man könnte daran verzweifeln, wenn da niemand ist, der das verknotete Band in die Hand nimmt. Geduldige Finger, wie in der Kinderzeit die der Mutter, suchen und tasten, statt blindlings zu zerren. Sie finden das kleine Loch, wo sich mit behutsamen Gegenzügen etwas lockern lässt. Es ist die Kunst (vor allem) der Frauen, mit Knoten zärtlich und lösend umzugehen.

„Im Schauen auf dein Antlitz, da werden wir verwandelt in dein Bild"

Ich wünsche mir selbst als Seelsorger diese Kunst des Knotenlösens. Gern hätte ich die Knotenlöserin persönlich gefragt: Wie hast du es eigentlich geschafft, die Verknotungen deines Lebens zu lösen? Ich kann sie direkt nicht fragen, doch die Antwort gibt mir ihr Leben: Maria hat nicht mit eigener Kraft gekämpft; dafür hat sie mit den Augen eines liebenden Herzens auf ihren Sohn Jesus geschaut. Sie hatte ein Auge nur für ihn. Der Blick auf Jesus, das Anschauen seines Wortes und Wirkens, hat ihrem Leben Tiefgang gegeben.

In einem modernen Lied singen wir: Jesus, „im Schauen auf dein Antlitz, da werden wir verwandelt, da werden wir verwandelt in dein Bild". Die Kirche als Bild Jesu, wir als Ikone des Herrn: Das soll mehr sein als ein schöner Traum. Jesus, „im Schauen auf dein Antlitz, da werden wir verwandelt in dein Bild". Wir Christen brauchen nicht nur Rosenkranz beten. Aber eine Kirche, die den Rosenkranz nicht mehr betet, setzt ihre Berufung aufs Spiel. Sie bringt das Bild Christi nicht mehr zum Leuchten, sondern verdunkelt es. Denn gerade im Rosenkranz schauen wir sein Antlitz, und dann werden wir verwandelt in sein Bild.

VIDEO
https://www.youtube.com/watch?v=v915enx3_fg

Der Rosenkranz: ein Brennglas der Biographie Jesu

Geistliches Wort bei der ersten feierlichen Maiandacht am 1. Mai 2020

Mitten im Ersten Weltkrieg im Jahr 1916 hat König Ludwig III. von Bayern eine besondere Initiative ergriffen: Er wandte sich an Papst Benedikt XV. mit der Bitte, die Muttergottes zur Schutzfrau Bayerns erklären und ein eigenes Fest ihr zu Ehren einführen zu dürfen. Schon nach wenigen Wochen gab der Heilige Stuhl dieser Doppelbitte statt. Bereits am 14. Mai 1916 konnte zum ersten Mal in München das Fest *Patrona Bavariae* gefeiert werden. Ein Jahr später wurde es auf alle bayerischen Diözesen ausgeweitet. 1970 traf schließlich die Freisinger Bischofskonferenz die Entscheidung, das Hochfest auf den 1. Mai zu legen.

Erst kürzlich, am 25. April 2020, hat Papst Franziskus alle Gläubigen auf der ganzen Welt in einem persönlichen Brief eingeladen, angesichts der Corona-Krise das Rosenkranzgebet wieder zu entdecken und zu pflegen: „In diesem Monat ist es Brauch, den Rosenkranz zu Hause in der Familie zu beten. Die Einschränkungen der Pandemie haben uns gezwungen, den häuslichen Aspekt zur Geltung zu bringen, auch unter geistlichem Gesichtspunkt."

Wenn wir im Marienmonat Mai auf Maria schauen und den Rosenkranz beten, dann bleiben wir nicht bei der Muttergottes stehen. Der Rosenkranz ist eine Kurzfassung des Evangeliums, eine Art Brennglas der Lebensgeschichte Jesu. Mit den Augen Marias nehmen wir einzelne Stationen des Lebens Jesu in den Blick. Dabei gehen wir weit über den historischen Jesus hinaus und schauen auf den auferstandenen und erhöhten Christus.

Das tun wir auch heute Abend in dieser Maiandacht. Wir werden Christus im Sakrament zu uns holen und ihn um seinen Segen bitten – ganz persönlich und für die ganze Welt, besonders für jene, denen durch Corona Schaden, Leid und Trauer zugemutet wird.

Aus dem heiligen Evangelium nach Johannes (Joh 10,1–10)

In jener Zeit sprach Jesus: Amen, amen, ich sage euch: Wer in den Schafstall nicht durch die Tür hineingeht, sondern anderswo einsteigt, der ist ein Dieb und ein Räuber.

Wer aber durch die Tür hineingeht, ist der Hirt der Schafe. Ihm öffnet der Türhüter und die Schafe hören auf seine Stimme; er ruft die Schafe, die ihm gehören, einzeln beim Namen und führt sie hinaus. Wenn er alle seine Schafe hinausgetrieben hat, geht er ihnen voraus und die Schafe folgen ihm; denn sie kennen seine Stimme.

Einem Fremden aber werden sie nicht folgen, sondern sie werden vor ihm fliehen, weil sie die Stimme der Fremden nicht kennen.

Dieses Gleichnis erzählte ihnen Jesus; aber sie verstanden nicht den Sinn dessen, was er ihnen gesagt hatte.

Weiter sagte Jesus zu ihnen: Amen, amen, ich sage euch: Ich bin die Tür zu den Schafen. Alle, die vor mir kamen, sind Diebe und Räuber; aber die Schafe haben nicht auf sie gehört. Ich bin die Tür; wer durch mich hineingeht, wird gerettet werden; er wird ein- und ausgehen und Weide finden.

Der Dieb kommt nur, um zu stehlen, zu schlachten und zu vernichten; ich bin gekommen, damit sie das Leben haben und es in Fülle haben.

Hirten nach dem Herzen Gottes

Predigt am vierten Ostersonntag, 3. Mai 2020

Echte Hirten sind heute Mangelware. Doch wenn ich näher hinschaue, merke ich: Es gibt sie doch noch – die Hirten. Zwei Beispiele sind mir eingefallen beim Lesen des Evangeliums von heute. Sie könnten unterschiedlicher nicht sein.

Da ist zuerst unser Papst Franziskus. Im November 2016 – kurz vor dem Ende des Heiligen Jahres der Barmherzigkeit – lädt er Obdachlose aus ganz Europa zu sich in den Vatikan ein. In seinen Worten und mehr noch durch sein Verhalten, seine Hinwendung zu ihnen, macht er deutlich, wie sehr die Kirche auf ihr Verzeihen angewiesen ist überall dort, wo sie den Armen und Schwachen gegenüber versagt hat. Und dann bittet Franziskus die Obdachlosen, ihm – dem Papst – die Hände aufzulegen: Obdachlose segnen den Papst. Als ich das zum ersten Mal hörte, bekam ich eine Gänsehaut. Franziskus erweist sich den Armen gegenüber als Bedürftiger. Er kehrt die zementierten Rollen um. Der oberste Hirte zeigt damit, dass alle Menschen – auch die „in Amt und Würden" – aufeinander angewiesen sind und einander brauchen. Wichtig ist dem Papst außerdem, dass die Stimmlosen mehr Stimme und die Ausgeschlossenen mehr Mitspracherecht erhalten. Der renommierten italienischen Tageszeitung *La Repubblica* sagte der Papst: „Christus hat von einer Gesellschaft gesprochen, in der die Armen, die Schwachen, die Ausgeschlossenen diejenigen sind, die entscheiden. Nicht die Demagogen, nicht die Gauner, sondern das Volk."

Damit kommt das zweite Beispiel in den Blick. Den Titel „Hirte" sollte man hier besser in Anführungszeichen setzen. Es geht um US-Präsident Donald Trump. Im November 2015, in seinem ersten Wahlkampf um das Präsidentenamt, verhöhnt er einen Reporter der New York Times, der unter einer angeborenen Gelenkversteifung leidet. Trump hat keine Scheu, die durch die Krankheit eingeschränkten Bewegungen des Journalisten öffentlich nachzuäffen. Die Schauspielerin Meryl Streep ist so mutig, dass sie die Szene im Januar 2017 in einer Rede aufgreift: „Es gab eine Performance, die mich fassungslos machte. Sie senkte ihre Widerhaken in mein Herz. Nicht, weil sie gut war. Es gab nichts Gutes daran. Aber sie war wirksam und erreichte ihr Ziel. Sie brachte das Publikum dazu, zu lachen oder seine Zähne zu zeigen. Es war dieser Moment, in dem der Mensch, der danach verlangt, den am meisten respektierten Platz in unserem Land zu besetzen, einen behinderten Reporter nachmachte. Jemanden, dessen Privilegien, Macht und Fähigkeit, zurückzuschlagen, er übertrumpfte. Als ich das sah, brach es mir das Herz. Ich kann es noch immer nicht aus meinem Kopf kriegen, denn es war kein Film. Es war die Realität. Wenn dieser Instinkt, jemanden zu erniedrigen, von einem mächtigen Menschen vorgelebt wird, so sickert er runter in unser aller Leben. Denn er erlaubt andern, das Gleiche zu tun. Respektlosigkeit lädt ein zu Respektlosigkeit. Gewalt verleitet zu Gewalt. Wenn die Mächtigen ihre Position dazu benutzen, um andere zu tyrannisieren, so verlieren wir alle."

Auch Jesus hat uns heute in seiner Rede vom Hirten zwei Beispiele vor Augen gestellt (Joh 10,1–10). Das eine sind die Diebe und Räuber. Die kommen zu den Schafen nicht durch das Tor, sondern steigen ein, irgendwo übers Gatter. Sie schleichen sich an. Sie wollen nicht gesehen und schon gar nicht erkannt werden, denn sie kommen „zu nichts als zum Stehlen, zum Schlachten und zum Zugrunderichten" (Übersetzung Fridolin Stier). So beschreibt Jesus Menschen, die ihre Macht missbrauchen und üble Absichten hegen. Ihnen geht es nur um sich, um den eigenen Gewinn. Diese Diebe und Räuber leben ihre niedersten Instinkte aus. Tun sie das in verantwortlichen Positionen, dann geschieht, was Meryl Streep benennt: „Wenn dieser Instinkt, jemanden zu erniedrigen, von einem mächtigen Menschen vorgelebt wird, so sickert er runter in unser aller Leben. Denn er erlaubt andern, das Gleiche zu tun."

Welches Kontrastprogramm legt Jesus auf, wenn er vom guten Hirten erzählt! Seine Hirtenrede ist keine harmlose Schäferidylle. Es geht um Leben und Tod. Der gute Hirt gibt sein Leben für die Schafe (vgl. v. 3). Jesus zeichnet ein Bild, das die Züge seiner Lebensgeschichte trägt. Dessen markante Züge sind:

– Der gute Hirt kennt die Seinen, er ruft sie „einzeln beim Namen und führt sie hinaus" (v. 3). Er schaut nach ihnen – nicht mit dem Kennerblick eines Händlers, der darauf aus ist, die Schafe zu schlachten, sondern um sie ins „Leben in Fülle" (v. 10) zu führen.

– Der gute Hirt bleibt auch denen nahe, die sich verlaufen haben. Er steigt ihnen hinterher, bis in die finstersten Täler und entlegensten Schluchten. Den Gestrandeten und Verlorenen geht er nach, hebt sie auf, trägt sie heim und freut sich, dass er sie wiedergefunden hat (vgl. Lk 15,1–7).

– Wenn's zum Stechen kommt, kneift er nicht. Er setzt sein Leben ein für die Schafe. Darin unterscheidet er sich vom „bezahlten Knecht", der sich im Ernstfall aus dem Staub macht, weil ihm „an den Schafen nichts liegt" (v. 13).

Vor diesem Hintergrund erhebt sich eine Frage, der wir uns stellen sollten: Können wir das Bild vom guten Hirten, wie Jesus es zeichnet, für die Hirten und Oberhirten der Kirche in Anspruch nehmen? Die Heilige Schrift tut es, aber mit durchaus kritischem Unterton: Sie geißelt die Hirten, die sich nur selber mästen (vgl. Ez 34). Papst Franziskus legt den Priestern seiner Diözese Rom ans Herz: „Seid Hirten mit dem Geruch der Schafe." Also: Man muss riechen können, dass ihr es mit den Menschen von heute zu tun habt – nicht wie sie sein sollen, sondern wie sie tatsächlich sind. Es gilt, der Versuchung zu widerstehen, geruchsneutral zu sein, und damit steril. Die Frohe Botschaft ist nicht nur für das Hirn gedacht, sondern auch für das Herz.

Die Zeit nach Corona wird einen Digitalisierungsschub bringen. Dass es möglich war, über Livestream und Fernsehen die vergangenen Wochen mit Ihnen, liebe Schwestern und Brüder aus nah und fern, Verbindung zu haben, ist ein Segen der Technik, ohne Zweifel. Die Bischöfliche Hauskapelle wurde zum Mittelpunkt eines großen Netzes von Betern. Aber diese Zeit muss wieder aufhören. Papst Franziskus hat Gottesdienste ohne Menschen als „gefährlich" bezeichnet: Es sei nicht die wahre Kirche, die nur über Medien virtuell kommuniziert. Diese Einschätzung teile ich voll und ganz: Es darf keine Wende zur virtuellen Frömmigkeit geben. Jesus will Realpräsenz! „Eine Vertrautheit mit dem Herrn ohne Gemeinschaft, eine Vertrautheit ohne Brot, ohne Kirche, ohne Volk, ohne Sakramente ist gefährlich." Der Ausnahmezustand ist der Notsituation geschuldet, „denn das Ideal der Kirche ist immer mit dem Volk und mit den Sakramenten" verbunden. Am Tag meiner Ernennung zum Bischof von Augsburg habe ich im Dom den Satz gesagt: „Hirt und Schafe sind aus einem Stall." Das stimmt. Doch wir dürfen in unserem Bistumsstall nicht bloß *ein* Aroma zulassen, etwa Weihrauchduft. Wir sollen an die Ränder gehen, Marginalität ernst nehmen, wie auf einer Spruchkarte der Schweizer Caritas zu lesen ist: „Wo die am Rande sind, da ist die Mitte."

Trifft das für die Hirten von heute zu? Oder meinen sie, ihr „Kerngeschäft" besteht darin, festliche Gottesdienste zu zelebrieren und den Gang in die Diakonie zu meiden? Mit Dankbarkeit und Respekt durfte ich in den Corona-Krisenwochen feststellen, wie reich an pastoralen Initiativen unsere Pfarreien, Gruppen und Orden sind. Was ist da nicht alles aufgeblüht! Wieviel Buntheit und Vielfalt gab es zu bestaunen – nicht nur weil es zum Frühling passt und zur aufkeimenden Saat! Corona hat Einfallsreichtum geweckt. Dafür sage ich ein herzliches Vergelt's Gott! Danke für alle phantasievollen Projekte! Mögen sie nicht nur Notfallprogramm bleiben!

Doch wir dürfen die Augen auch nicht vor der Wirklichkeit verschließen. Ehrlichkeit ist angesagt. Es gibt Priester, Diakone und unzählige Frauen und Männer, die dafür gesorgt haben, dass Ostern nicht ausgefallen ist, dass wir den Höhepunkt des Kirchenjahres zwar anders, aber nicht weniger intensiv feiern konnten. Ich kenne viele Engagierte, die kreativ sind, wenn es darum geht, Menschen zu erreichen, die nicht besucht werden können, Leute am Rande, die niemand haben. Die übergroße Mehrheit unserer Geweihten und Hauptberuflichen war und ist hier engagiert – und zählt weder Zeit noch Kraft. Doch leider habe ich auch gemerkt, dass einige wenige sich vom Hirtendienst einfach freigenommen und dies damit entschuldigt haben, dass ja keine öffentlichen Gottesdienste erlaubt waren. Ist das der Hirtendienst, wie Jesus ihn versteht? „Ich kenne die Meinen und die Meinen kennen mich" (Joh 10,14). Es muss allen klar sein: Die Weihe zum Hirten ruft nicht nur an Altar und Ambo, sondern zu den konkreten Menschen. Vielleicht ist ja diese Zeit, die uns gezwungen hat, die geplante Diakonenweihe aufzuschieben, eine Chance zur Gewissenserforschung: Worum geht es mir wirklich, wenn ich um die Weihe bitte?

Und den schon geweihten Diakonen, die sich jetzt die Priesterweihe wünschen und schon alles dafür vorbereiten, stellt sich
dieselbe Frage. Womöglich tröstet sie eines: Warten können
wird leichter, wenn man sich bewusst macht, dass derjenige,
der eigentlich weihen sollte, in derselben Situation ist: Er
wartet auf seine eigene Weihe zum Bischof. Was will Gott
uns Weihekandidaten damit sagen?

Allen, die jetzt zuhören, vor allem den Betroffenen, möchte
ich keine respektlose Gardinenpredigt halten, sondern einen
hoffnungsvollen Impuls setzen. Der Mangel an geweihten Hirten und die damit verbundene Dehnung und Streckung unserer Seelsorgeeinheiten bringt es mit sich, dass die Hirten ihre
„Schafe" kaum mehr kennen, deren Namen nur noch in der
Computerdatei stehen haben. Dieser Befund ruft die Verant-
wortung wach, die wir füreinander tragen – unabhängig davon,
ob wir eine Weihe oder kirchliche Beauftragung empfangen
haben oder nicht. Wir sind füreinander und miteinander auf
dem Weg. Wir sind einander Hirtinnen und Hirten.

Ist diese Zeit der Kirche vielleicht die Stunde, den Hirtendienst
aller getauften und gefirmten Christinnen und Christen tiefer
zu erfassen und engagierter wahrzunehmen? Mit dem Ziel,
den Menschen von heute eine neue Gestalt des Christentums
zu präsentieren – was immer sich dabei herausschälen mag. Ich
selbst habe mir zum Vorsatz genommen: Mach weniger „dein
eigenes Ding", sondern lass dich in die Zukunft führen – von
Gott!

VIDEO
https://www.youtube.com/watch?v=cfX45xLvu9Q

Die Bischöfliche Hauskapelle zur Allerheiligsten Dreifaltigkeit

Kunsthistorische Anmerkungen von Felix Johann Landgraf

Das heutige bischöfliche Palais in Augsburg wurde 1761 von Franz Xaver Kleinhans (Tirol 1699–1776), Hof- und Stiftsbaumeister des Augsburger Hochstifts, für Domkustos Graf Khevenhüller erbaut. Es reiht sich ein in weitere repräsentative Domherrensitze, die sich um den Ost-Chor des Domes gruppieren. Städtebaulich antwortet dieses Ensemble auf die Residenz der Augsburger Fürstbischöfe, die sich westlich an Fronhof und Hohen Dom anschließt.

Seit der Aufhebung der Fürstbischöflichen Residenz in Folge der Säkularisation diente den Augsburger Bischöfen die ehemalige Domkustodie als repräsentativer Amts- und Wohnsitz. Im Garten ließ Bischof Peter von Richarz (reg. 1836–1855) eine Hauskapelle errichten. Bemerkenswerterweise ist an dieser Stelle schon im Augsburger Kilian-Stadtplan, 1626 gedruckt, eine Vorgängerkapelle dokumentiert. Architekt Lorenz Hofmann entwarf 1853 eine geostete neuromanische Kapelle mit Fassadentürmchen und Glocke in zeittypischen Rundbogen-Formen. Noch im selben Jahr war die bischöfliche Hauskapelle baulich unter Dach fertiggestellt. Charakteristisch für den flach gedeckten, nicht allzu großen, jedoch recht hohen Innenraum sind die in Blau- und Rotfarbigkeit gefasste Holzbalkendecke, Rundbogenfenster sowie eine gerundete Apsis. Seither diente die Kapelle den Bischöfen als Rückzugsort für Stundengebet und Gottesdienst im kleinen Kreis. Dies ist wohl

auch der Grund, weshalb man bislang keine Fotografien früherer Innenraum-Redaktionen auffinden konnte.

Erst vom übernächsten Bischof nach Peter von Richarz, Pankratius von Dinkel (reg. 1858–1894), ist am 4. November 1860 eine Weihe überliefert. Im Archiv des Bistums finden sich Tagebucheinträge dieses Hausherrn, die vermerken: „Weihe der bischöflichen Hauskapelle ohne Altar. Dann stille heilige Messe." Ein Patrozinium wird nicht erwähnt, obwohl der Raum in den Folgejahren eine erste Ausstattung erhielt. Aus dieser Phase hat lediglich ein rundbogiges Altargemälde des Bregenzer Malers Liberat Hundertpfund (1806–1878) im Nazarener-Stil um 1860 überdauert; es nimmt heute den Platz an der Westwand ein: Die Gottesmutter mit Jesuskind als Patronin des Augsburger Domes steht vor Goldgrund im Zentrum, links und rechts etwas tiefer gesetzt flankieren sie Bischof Ulrich mit Fisch-Attribut und die Märtyrerin Afra mit Palmzweig als (Schutz-)Patrone von Bistum und Stadt Augsburg, deren Silhouette im Hintergrund zu erkennen ist. Den dritten Bistumspatron, den hl. Simpert, repräsentiert die Nachbildung von dessen spätgotischer, auf 1492 datierter Grabplatte. Das Original im Bayerischen Nationalmuseum wurde der bedeutenden Werkstatt von Michel Erhard oder neuerdings Hans Daucher zugeschrieben. Der Blick des Zelebranten am Altar ist also auf die drei Diözesanpatrone gerichtet.

Altarbereich und Apsis sind geprägt von einem Fresko des Augsburger Malers Professor Georg Bernhard (*1929). Er fertigte schon in den 1950er Jahren unter Bischof Joseph Freundorfer (reg. 1949–1963) ein Fresko, das vom ihm 1985 überarbeitet wurde, als in der Vorbereitung auf den Pastoralbesuch von Papst Johannes Paul II. (1987) unter Erzbischof Josef Stimpfle (reg. 1963–1992) eine Renovierung von Bischofshaus und Bischöflicher Hauskapelle stattfand. Diözesanarchitekt Adolf Zach († 2009) entwarf zudem einen freistehenden Altar in Form eines stilisierten antiken Kapitells.

Im Zentrum der Bildsymbolik steht die Allerheiligste Dreifaltigkeit, Gott Vater, Gott Sohn und Heiliger Geist, in Form eines sogenannten Gnadenstuhles. Er entwickelte sich ikonographisch im Mittelalter und zeigt den thronenden und segnenden Gottvater, der seinen Sohn als Erlöser am Kreuz auf den Knien trägt. Flankiert sind die beiden göttlichen Personen vom Heiligen Geist in Gestalt einer dynamisch ins Bild fliegenden Taube. Das rötlich-warmtonige Kolorit des Gekreuzigten wird umfangen von einer tiefblauen Kreisform, symbolisch als Hinweis auf die Treue des Vaters, der seinem Sohn in der Stunde des Kreuzestodes in Liebe beisteht. Über der „Not Gottes", wie der Gnadenstuhl auch bezeichnet wird, steht das eucharistische Motiv des Pelikans, der seine Jungen nährt. Beides, Kreuzesopfer und Eucharistie, korrespondiert unmittelbar mit dem Geschehen, das sich in der Heiligen Messe am Altar vollzieht.

Das zentrale Geheimnis der Trinität, in feinen malerischen Valeurs mannigfacher Details ausgeschmückt, wird an den Seitenwänden von zwei Reihen stehender Engeln flankiert. Sie präsentieren in der unteren Ebene die Leidenswerkzeuge der Passion, die sogenannten Arma Christi, wie beispielsweise die Dornenkrone, die Lanze und das Schweißtuch, das die Gestalt der Veronika Jesus reichte. Die Engel der oberen Reihe sind jubilierend-musizierend dargestellt. Die Gesamtkomposition in organisch-vegetativer Formensprache ist in ihrem erdigen Kolorit getragen von großer Feierlichkeit und Ernst. Sie atmet den Geist bedeutender Epochen europäischer Kunst, die Georg Bernhard während

eines Romaufenthaltes von 1952 – im Rahmen eines Italien-
stipendiums der Studienstiftung des Deutschen Volkes –
kennenlernen konnte. Die beeindruckende Dominanz und
künstlerische Qualität der freskalen Ausmalung führten
dazu, dass der gegenwärtige Bischof Bertram Meier in den
ersten Wochen als Apostolischer Administrator eingehen-
de Recherchen zum Patrozinium in Auftrag gab und ihr
schließlich den offiziellen Titel „Bischöfliche Hauskapelle
Zur Allerheiligsten Dreifaltigkeit" verlieh.

Seit ihrer Entstehung im 19. Jahrhundert ist die Hauskapelle
der Augsburger Bischöfe somit ein Spiegelbild von bau- und
kunstgeschichtlichen Epochen und Umbrüchen. Das beste-
hende Ausstattungsensemble repräsentiert anhand der vor-
handenen Ausstattungen einige Bischofs-Persönlichkeiten:
Aus der Zeit von Erzbischof Stimpfle blieben 15 kleinfor-
matige quadratische Tafelbilder eines Kreuzweges, gemalt
von der Dillinger Franziskanerin Sr. Animata Probst OSF,
und ein mit Reliefs versehenes versilbertes Bronze-Vor-
tragekreuz des Münchner Bildhauers Max Faller († 2012)
erhalten. Unter Bischof Walter Mixa (reg. 2005–2010)
fand durch Diözesanbaudirektor Werner Köhler († 2016)
in Zusammenarbeit mit den Werkstätten Wiegerling eine
Erneuerung des Tabernakels mit ewigem Licht, des Ambos
aus feinem Kunststein, eines versilberten Osterleuchters
sowie der Kathedra mit bischöflichem Wappen aus weiß ge-
fasstem Holz und der hell gebeizten Kniebänke statt. Damit
ist die Bischöfliche Hauskapelle sprechendes Zeugnis liturgischer und künstlerischer Entwicklung, vor allem aber ein
Ort des Gebetes.

Als im März 2020 die öffentlichen Gottesdienste in den
(Pfarr)-Kirchen in Folge der Corona-Pandemie einge-
stellt werden mussten, diente sie als Übertragungsort für

Live-Gottesdienste und Maiandachten des im Januar des-
selben Jahres ernannten Bischofs Bertram. Damit wurde
beinahe über Nacht aus einem der Öffentlichkeit bislang
unbekannten Sakralraum Augsburgs eine Haus-Kirche, die
mehrere Wochen lang unzähligen Gläubigen Heimat bot,
über die Grenzen des Bistums Augsburg hinaus.

VIDEO
https://www.youtube.com/watch?v=GKpyM80MDwg

Bertram Meier, Dr. theol., geb. 1960, Priesterweihe in Rom 1985, Seelsorger im Heimatbistum Augsburg 1989–1996, Mitarbeiter im Vatikanischen Staatssekretariat 1996–2002, seit 2002 im Augsburger Domkapitel unter anderem zuständig für Weltkirche, Ordensgemeinschaften, Berufungspastoral und Ökumene, seit 2007 auch Domprediger. 2014 Ernennung zum Leiter des Bischöflichen Seelsorgeamtes und Direktor des Tagungshauses St. Ulrich sowie zum Bischofsvikar für Ökumene und interreligiösen Dialog. Seit 6. Juni 2020 Bischof von Augsburg.

Die QR-Codes bei jeder Predigt führen auf den Kanal von katholisch1.tv bei YouTube. Hier sehen Sie die entsprechenden Videos der Gottesdienste.

Öffnen Sie eine App zum Lesen des QR-Codes, platzieren Sie die Kamera Ihres Smartphones oder Tablets über der Grafik – Ihr Bildschirm erkennt den Code und Sie erhalten automatisch Zugang dazu.

Um die Predigt anzusehen, können Sie aber auch den neben dem QR-Code stehenden Link verwenden.

VIDEO
https://www.youtube.com/watch?v=3IMrFMXSADI&-
list=PL5mLgczZX46CxlwNhs5EBMvB-1Y-KSKAD

Bildnachweis

Foto vordere Umschlagseite: Kirchenraum der Bischofskapelle mit dem Gemälde von Georg Bernhard
Foto hintere Umschlagseite: Detail aus dem Gemälde von Georg Bernhard
Fotos innen:
Motive aus der Bischofskapelle: S. 27, 31, 33, 44, 51, 59, 67, 73, 77, 91, 97, 101, 117 und 121 © Sankt Ulrich Verlag GmbH
Die Knotenlöserin
aus der Kirche St. Peter und Paul, Augsburg: S. 107 © Sankt Ulrich Verlag GmbH
Predigt von Bertram Meier: S. 82 © Annette Zoepf
Dr. Bertram Meier: S. 126 © pba/Bernhard Müller
Egino Weinert Monstranz: S. 54 © Egino Weinert-Stiftung

Gestaltung und Realisation: Sankt Ulrich Verlag GmbH, Augsburg
Druck und Verarbeitung: Druckerei Joh. Walch GmbH & Co. KG, Augsburg